図説 キリスト教会建築の歴史

中島智章
Tomoaki Nakashima

河出書房新社

図説 キリスト教会建築の歴史 目次

CONTENTS

宗教改革とカトリック改革以後の教会建築

はじめに

　外国の町を訪ねたときに何を買い何を食べるかは決まっていても何をみたらよいのかわからず困ったことはないだろうか。

　建築を学んでいるとこの点で困ることはないのだが、一般的には悩むところらしい。実はこういうときにある程度は万能の答えがある。そこがキリスト教圏であればどの町や村にも必ずといってよいほど存在する教会堂《きょうかいどう》である。近世以前にはたいていは現地で最も規模の大きな建築物であり、質の点でも最も人手と時間をかけた建築物だった。

　そもそも「教会堂」というビルディング・タイプが誕生したのは末期帝政時代である。三世紀以降、皇帝が頻繁に代わったり複数の皇帝が立って分裂含みとなったり、また、異民族の侵入も頻発《ひんぱつ》して、ローマ帝国では危機の時代が続いていた。このような時代に人々の間で支持を広げていったのがナザレのイエスに由来する宗教「キリスト教」だった。歴代のローマ皇帝によってたびたび迫害《はくがい》されてきたキリスト教だったが、四世紀初めにコンスタンティヌス帝らによって公認されている。こと建築史においてこれは「教会堂」という新たなビルディング・タイプが誕生することを意味していた。当時のキリスト教徒たちの心の平安のよりどころが具体的な形をともなって地上に現出《げんしゅつ》したのである。

　だが、現実の世界では危機の時代はなお続く。古代末期から中世にかけてさまざまなところから押し寄せた諸民族がヨーロッパの人々を脅《おびや》かしている。西ゴート族のアラリクスやフン族のアッティラ、教皇を圧迫するランゴバルド族の勢力拡大、ルーシ（のちのロシア）からシチリアまでヨーロッパ中の沿岸地方を襲ったヴァイキングたち、東西からヨーロッパへと侵入するイスラム教徒、マジャール人の到来、そして、チンギス・

ピエタ。ミケランジェロ作
（サン・ピエトロ使徒座聖堂）

ハーンらが率いるモンゴル人たち。自然災害が比較的少ないヨーロッパでは災厄《さいやく》は人によってもたらされてきた。現実的には都市築城や城塞などの軍事建築の充実によってこれらの危機に対応せねばならなかったとしても、心の平安に対する教会堂の意義はいかばかりであったろうか。

以後も、時代により地域によりその重要性に違いはあったかもしれないが、現在に至るまでヨーロッパ建築のなかで一定の位置を占める建築分野でありつづけている。各時代の社会や文化のなかで教会堂が受け持っている役割は大きかったはずである。したがって、教会堂を見学しようとする場合、当時の美学、建設技術、儀式と建築の関係など、さまざまな切り口によって、人々がその教会堂に込めた篤き思いに触れることができるのではないだろうか。

筆者は日本建築学会の西洋建築史小委員会において前段のような主旨で『「建築」としての教会堂』という講演会を企画したことがある。そこでは四名の専門家によってそれぞれ異なる視点から教会堂建築が紹介され、筆者にとっても大変勉強になった。同時に大学の一、二年次で西洋建築史の単位を修得した、というくらいの学生の多くにとっては前提となる知識のハードルが高かったかもしれないとも感じた。それゆえ、本書では古代から近現代にいたるヨーロッパを中心とした教会建築の歴史の概略と主な作例を先にあげたような視点からやさしく紹介していきたい。

＊なお、本書ではキリスト教信徒の団体のことを「教会」、キリスト教信徒が集まって典礼《てんれい》・礼拝を行う建築物のことを「教会堂」ということにする。ヨーロッパ系言語ではどちらも同じ言葉を使い、わが国でも「教会」といえば建築物のことを思い浮かべる人が多いが、本書では区別して用いる。

聖テレサの法悦。ベルニーニ作（ローマのサンタ・マリア・デッラ・ヴィットーリア教会堂）

ミサ

◆感謝の祭儀

教会堂とは、畢竟《ひっきょう》、「ミサ」を挙《きょ》行《こう》するために信徒たちが集まるための建築物である。

通常、ミサとは「エウカリスティア=感謝の祭儀」のことであり、カトリック教会ではミサを「救い主は最後の晩さんで、ご自分のからだと血による感謝のいけにえを制定されたが、それは、ご自分が再び来られるまで、諸世紀を通して十字架のいけにえを永続させるため、また愛する花嫁である教会に、ご自分の死と復活の記念を託すためであった」（第二バチカン公会議）と定義している。

カトリック教会のミサは「ことばの典礼」と「感謝の典礼」という二つの部分からなっており、その前後に「開祭」と「閉祭」が行われる。まとめると下記のようになるだろう。

なお、以下の式次第のなかで、ほとんどの種類のミサで同じ典礼文を用いるものを「通常文」、ミサの性質によって典礼文が変化するものを「固有文」といい、通常文のキリエ、グローリア、クレド、サンクトゥス、アニュス・デイを「ミサ通常文五章」と称することもある。

開祭

- イントロイトゥス=入祭
- 祭壇の表敬と会衆へのあいさつ
- 回心の祈り
- キリエ=あわれみの賛歌
- グローリア=栄光の賛歌
- コッレクタ=集会祈願

ことばの典礼

- 沈黙
- 聖書朗読
- 答唱詩編
- 福音朗読前の応唱（アレルヤ唱など）
- クレド=信仰宣言
- 共同祈願

感謝の典礼

- 供えものの準備
- オッフェルトリウム=奉納祈願
- サンクトゥス=感謝の祈り（奉献文）
- 交わりの儀
- パーテル・ノステル=主の祈り
- アニュス・デイ=平和のあいさつ
- パンの分割
- コンムニオ=拝領（聖体拝領）

閉祭

- イテ・ミサ・エスト

◆聖体拝領の秘蹟

かつて感謝の典礼には信徒のみ参列が許されたというが、現代では聖体拝領《せいたいはいりょう》にあずからないのであれば信徒でないものも参列することができる。閉祭のときに"Ite missa est"（意味は諸説あるが、締めの言葉と理解されている）と唱えられたので儀式の全体も「ミサ」とよばれる。

ミサの焦点はコンムニオ=聖体拝領にある。これは最後の晩餐において使徒たちがキリストから自らの血と肉であるとしてワインとパンをいただいた事蹟を再現しようとするもので、とりわけカトリック教会では「聖体拝領の秘蹟《ひせき》」として重要視されている。つまり、カトリック教会ではこのときにいただくワインとパンは「聖体」そのものになるというのである。

ただし、東方教会やプロテスタントでは聖体拝領の秘蹟は教義とはなっていない。正教会ではワインとパンがキリスト（正教会ではハリストスという）の血と肉そのものになるわけではなく、かといって、ハリストスの血と肉に見立てているわけでもない。パンとワインは変わらずパンとワインだが、それが「領聖」（聖体拝領）に先立つ「機密の執行」によってハリストスの血と肉になるのだという。

その仕組みは人知の及ぶところではなく、それゆえ、正教会では「聖体機密」といい、これが定められた最後の晩餐を「機密の晩餐」という。そもそも正教会では「ミサ」という用語は正式には用いられておらず、礼拝は「奉神礼」、聖体拝領を行うものを「聖体礼儀」とよんでいる。聖体礼儀は「奉献礼儀」、「啓蒙者のための聖体礼儀」、「信者のための聖体礼儀」からなり、初期キリスト教のあり方を色濃く今に伝えているという。

パルマ司教座聖堂の洗礼堂内部。「天上のエルサレム」を頂点にしたキリスト教の宇宙観を表現している。

ミサと教会音楽

◆さまざまな作曲家が音楽をつけた通常文五章

ミサは儀式の性質によって典礼文が変化する「固有文」と共通の典礼文を用いる「通常文」からなる。典礼文の中には音楽がつけられて聖歌として歌われるものもあり、とりわけ、通常文五章には古今のさまざまな作曲家が音楽をつけている。この五章のなかでは冒頭の「キリエ」だけがギリシア語であり、神の哀れみを希う。残りはラテン語で書かれている。グローリア（「栄光」の意）は天にます神の栄光をたたえ、クレド（「我は信ず」の意）は三位一体の唯一神を信じることを歌い上げる。サンクトゥス（「聖なるかな」の意）は「三聖頌」ともいわれるとおり天上の神の聖なることをたたえ、アニュス・デイ（「神の子羊」の意）では地上の平安を祈るのである。

通常文五章すべてに音楽史上はじめて音楽を施したのは一三世紀フランスの大作曲家ギョーム・ドゥ・マショー（一三〇〇頃～七七）の「ノートル・ダム・ミサ曲」だといわれている。「ノートル・ダム」といってもパリのノートル・ダム司教座聖堂ではなく、マショーが参事会員を務めていたランスのノートル・ダム大司教座聖堂である。通常、こういった音楽を「ミサ曲」とよぶならわしである。五章すべてに作曲したものを「ミサ・ソレムニス（盛儀ミサ曲）」、キリエとグローリアだけなど一部にのみ作曲したものを「ミサ・ブレヴィス（短いミサ曲）」という。

◆ルネサンスのミサ曲

一五～一六世紀のルネサンス時代にはギョーム・デュファイ（一四〇〇頃～七四）、ヨハンネス・オケヘム（一四三〇頃～九五／九六）、ジョスカン・デ・プレ（一四五〇頃～一五二一）、ジョヴァンニ・ピエルルイジ・ダ・パレストリーナ（一五二五～九四）、トマス・ルイス・デ・ビクトリア（一五四八～一六一一）らそうそうたる顔ぶれの作曲家たちが盛儀ミサ曲を多く手がけた。ルネサンス以前の教会音楽は基本的に声楽のみのポリフォニー音楽である。楽器が使用されたか否かについては議論があるが、少なくとも楽譜上には器楽固有の声部は記されていない。

ソプラノ、アルト、テノール（世俗歌曲などにもとづく「定旋律」を担当する）、バスの四声がまるでそれぞれが生き物のように和声をつむぎつつ独自の動きをみせる。ジョスカンの「ミサ・パンジェ・リングワ」がとりわけ有名である。ルネサンス時代には「モテトゥス（モテット）」とよばれる自由な形式の教会音楽もさかんに作曲された。

◆バロックのミサ曲

一七世紀から一八世紀半ばにかけてのバロック時代には教会音楽よりもオペラの方が作曲の主流となっていったが、オペラの音楽様式を取り入れて器楽にも固有の声部や表現が与えられるようになり、声楽の部分も歌詞の内容を劇的に表現する「モノディ」とよばれる様式が採られた。即興的に和声を補いながら全体を下から支える「通奏低音《つうそうていおん》」も取り入れられている。

初期バロック音楽の傑作としては、一六一三年以降、ヴェネツィアのサン・マルコ礼拝堂楽長となったクラウディオ・モンテヴェルディ（一五六七〜一六四三）の「聖母マリアの晩課」（一六一〇）がある。「晩課」とは聖職者が日常的に行うお勤め「聖務日課」の一つであり、第二バチカン公会議以降、わが国のカトリック教会では「夕べの祈り」といっているものである。さまざまな場所に聖歌隊を配置することが可能なサン・マルコ礼拝堂の空間を生かした分割合唱（コーリ・スペッツァーティ）の技法を駆使した立体感豊かな大作である。

ミサ曲としては「五三声のザルツブルク・ミサ曲（ミサ・サリスブルゲンシス）」がある。バロック時代のオーストリアを代表する作曲家ハインリヒ・イグナツ・フランツ・フォン・ビーバー（一六四四〜一七〇四）、あるいはその周辺の人物が手がけたといわれている。ザルツブルク大司教座聖堂の空間を活用しながら分割合唱を豊かに展開させた壮大な作品だが、やや大味な作品との評もある。実際に教会堂で響かせてみないと魅力が伝わりにくい作品なのかもしれない。

一方、フランス宮廷ではミサ曲よりも、戦勝記念や葬礼などの特定の機会のために「テ・デウム」や「ミゼレーレ」のようなモテットがさかんに制作された。アンリ・デュモン（一六一〇〜八四）、ジャン・バティスト・リュリ（一六三二〜八七）、ミシェル・リシャール・ドゥ・ラランド（一六五七〜一七二六）のような宮廷作曲家たちが活躍した。

◆バッハの傑作「ミサ曲ロ短調」

バロックのみならず最高のミサ曲として挙げられることが多いのはヨーハン・ゼバスティアン・バッハ（一六八五〜一七五〇）の「ミサ曲ロ短調」BWV232である。故カール・リヒター指揮ミュンヘン・バッハ合唱団ほかによる一九六一年の演奏にみられる冒頭のキリエの叫びはクラシック音楽演奏史上屈指の瞬間だといえる。もともとは一七三〇年代にカトリック信徒のザクセン選帝侯フリードリヒ・アウグスト二世のために書かれたミサ・ブレヴィスであり、その前後に作曲された作品を加えながらライフ・ワークとして整備されていったものという説もあって、その成立年代、成立過程は複雑だという。

モーツァルトやベートーヴェンその他の古典派以降の作曲家たちもミサ曲の傑作を残しているが、彼らの活動のなかでの教会音楽の占める位置は相対的に高くはなくなっていくようにも感じる。

CHAPTER

第1章

古代・中世・ルネサンスの教会建築

教会建築の誕生

バシリカ形式と集中形式

いわゆるミラノ勅令

二八四年に登極《とうきょく》したディオクレティアヌス帝（二四四～三一一）は二九三年からいわゆるテトラルキア（四分統治）を始めた。広大なローマ帝国を東西に分けてそれらをさらに南北に分割し、それぞれ正副の四名の皇帝で統治しようという制度であり、ディオクレティアヌス帝自身は東帝国の正帝《アウグストゥス》となった。このときに彼が建造したのが現在のクロアチア第二の都市スプリトにある城塞《じょうさい》のような宮殿である。だが、ディオクレティアヌスが没するとローマ帝国はこのまま分裂し波乱含みとなった。

その頃、共同で西帝国の正帝を務めていたコンスタンティヌス（二七二～三三七）とリキニウスが三一三年にいわゆるミラノ勅令によって、それまで迫害されることの多かったキリスト教を公認するにいたった。地下の宗教が表の世界に堂々と出られるようになったのである。これにより建築の世界では「教会堂」というキリスト教信徒たちが集まって典礼を行う新たなビルディング・タイプが誕生したのである。

バシリカ式の教会堂

スプリトのディオクレティアヌス帝宮殿跡。7世紀初頭には廃墟となったこの宮殿跡に人が住みはじめ、ここを核として発展していったのが、現在クロアチア最大の港町スプリトである。

教皇シルウェステル1世とコンスタンティヌス帝との平和の出会い。

「新たな」といっても無から有が生じるわけではない。自らの建築を創造するのに拠《よ》り所《どころ》としたビルディング・タイプが二つ存在した。

一つは「人が集まる」という共通の機能を持つものであり、ラテン語で「バシリカ」とよばれるホール建築である。古代ローマの人々はバシリカで裁判や商取引などさまざまな人が集まる催しを行った。このバシリカに由来する形式の教会堂のことを、それゆえ、「バシリカ式」

という。

もう一つがお墓である。お墓と言い切ってしまうのが乱暴ならば人の死にかかわる建築といっておこう。こちらの方は機能ではなくその平面形態から「集中《しゅうちゅう》式《しき》」といっている。

バシリカ式の空間の特徴は入口から奥へと向かう強烈な指向性《しこうせい》である。古代ローマのバシリカに倣《なら》ったとはいえ、この原型との最大の違いがここにある。通常、古代ローマのバシリカは横長の長方形平面であり、大きな吹抜けの空間のまわりに列柱《れっちゅう》がめぐっていて、決して特定の方向への指向性があるわけではなかった。だが、バシリカ式の教会堂の場合は建築物の奥、すなわち、「アプス」とよばれる半円形平面のくぼんだ空間を敷地の条件が許す限りは東に向けるということが行われる。これを「オリエンテーション」という。「昇る太陽」すなわち「東」を意味するラテン語「オリエンス」に由来する言葉である。

また、世俗のバシリカでは四周を囲んでいた列柱は入口からみて左右にのみ並べられた。左右の列柱の間の空間を「身廊《ネイヴ》」、列柱によって分けられた左右の空間を「側廊《アイル》」といい、身廊は側廊よりも高くなっていた。身廊の奥には教会堂の心臓部であり主祭壇が設置される「内陣《クワイヤー》」がある。通常、天井は設けられなかったので屋根を支える木造小《こ》屋組《やぐみ》が露出している。身廊の採光は身廊小屋組と側廊屋根のあいだに設けられた「高窓《たかまど》」によって確保される。高窓の連続した層を「クリアストーリー」という。

以上がバシリカ式の基本的な形態であり、側廊—身廊—側廊からなるこの形式を「三廊式」というが、もっと規模の大

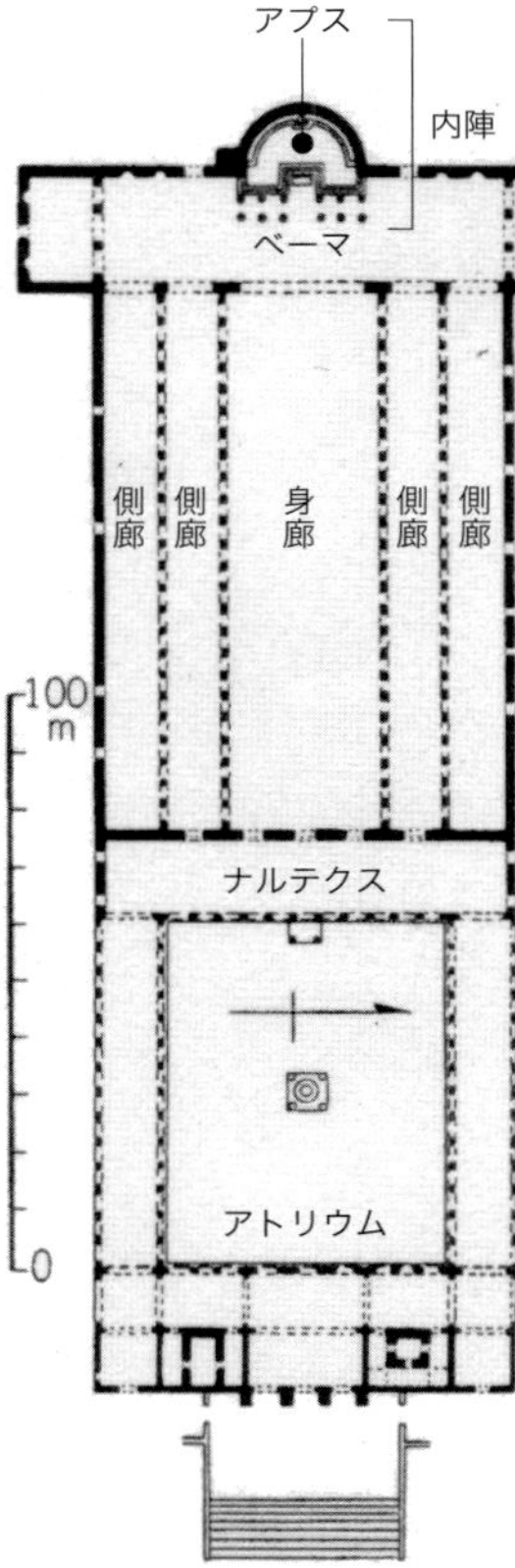

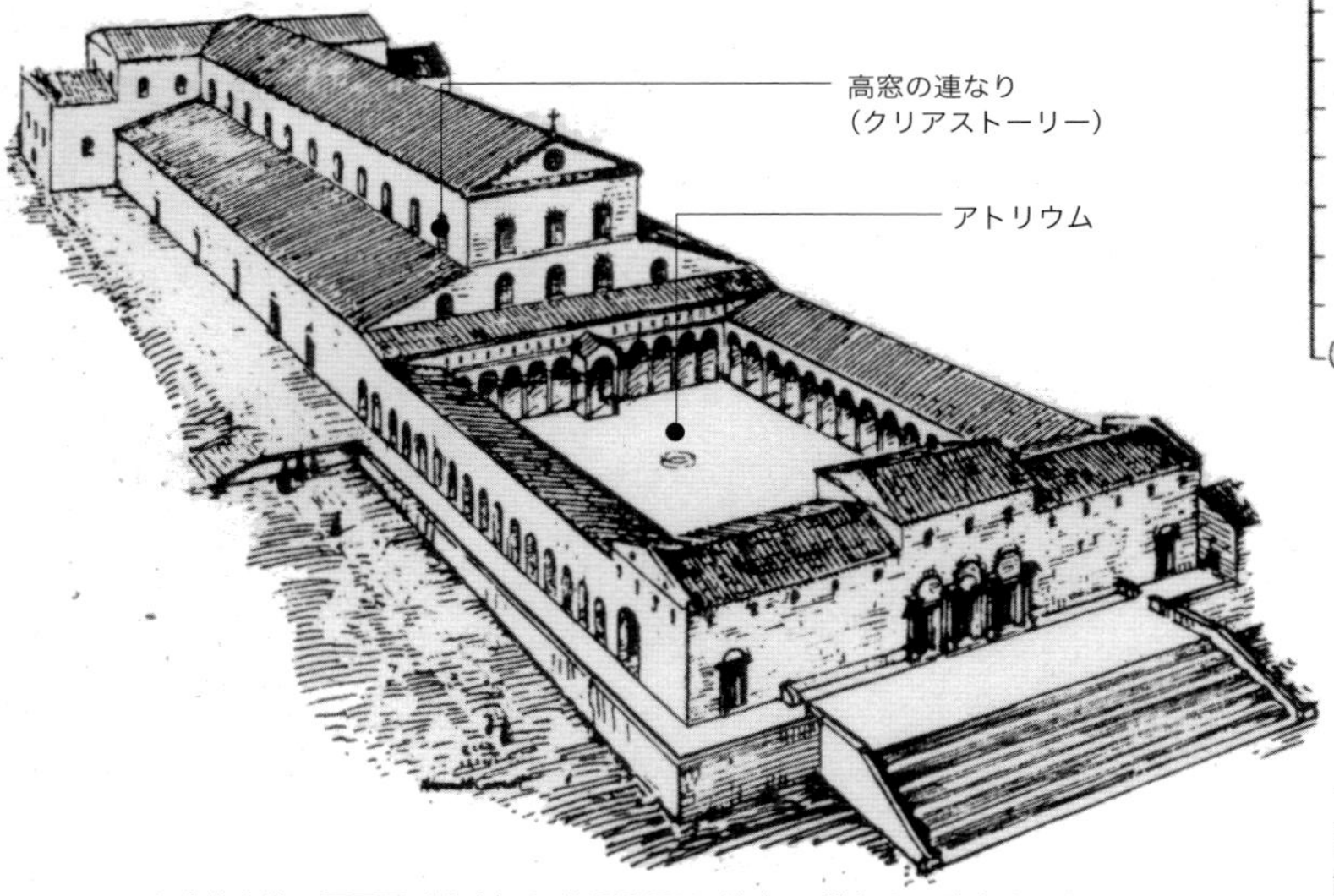

バシリカ式教会堂の平面図（右上）と外観透視図（左）。4世紀から建立されたローマの旧サン・ピエトロ教会堂（現在の使徒座聖堂）。側廊が身廊の両側に二重に設けられた五廊形式。

きなものでは側廊が左右二重に設けられることもあり、これを「五廊式」と称する。また、以上のような教会堂本体に玄関となる空間「ナルテクス」が付属し、さらに柱廊に囲われた中庭「アトリウム」がつくられることもあった。通常、アトリウム中央には泉が設けられていた。

●使徒座と司教座

早くも四世紀にはローマに以上のような五廊式の大規模なバシリカ式教会堂が三棟建立されている。まずはローマ教皇の座る椅子「使徒座《しとざ》」が存するバシリカ・サルウァトーリス（救世主バシリカ聖堂）があげられる。そもそもローマ教皇は使徒ペテロ（わが国のカトリック教会ではペトロと表記）の後継者を自認し、使徒ペテロ自身が初代ローマ教皇と位置づけられているので使徒座という。聖なる椅子＝「聖座」ともいう。

現在、使徒座というとローマ教皇の座る椅子のことをいうが、初期キリスト教時代には五つの使徒座が認識されていた。「使徒」とはキリストの一二名の弟子「十二使徒」にキリスト昇天後に合流したパウロなどを加えたキリスト教黎明《れいめい》期の指導者たちのことをいう。したがって、使徒アンデレに由来するコンスタンティヌポリス教会、使徒マルコに由来するアレクサンドリア教会、使徒ペテロと使徒パウロに由来するアンティオキア教会、使徒ヤコブに由来するエルサレム教会もそれぞれの都市に使徒座を有していたのである。

さて、ローマ・カトリック教会の地上における長たるローマ教皇は同時にローマ司教でもあった。迫害されていた時代から教会では地方組織があったとされ、その各地方をフランス語や英語で「DIOCESE」と綴る。わが国のカトリック教会、

聖ペテロ。7世紀のイコン。

初期キリスト教時代のサン・ピエトロ教会堂復元図。

サン・ジョヴァンニ・イン・ラテラーノ司教座聖堂（ローマ）のファサード。最初の使徒座聖堂であり、当初はバシリカ・サルヴァトーリスといった。現在のファサードは18世紀にアレッサンドロ・ガリレイによって設計された新古典主義のもの。

および、日本正教会ではこれを「教区」と訳しているが、歴史学では「司教区」ということが多い。「司教」とはこの司教区の責任者のことである。司教区はさらに「小教区」に分かれ、小教区には主任司祭がいる。一方、東方教会の場合は「教区」の長を「主教」とよんでいる。

　カトリックの場合でいうと、司教区には「司教座聖堂」、小教区には「小教区教会堂」があり、司教座聖堂を「カテドラル」（フランス語由来の外来語）という。その語源は司教の座る椅子「司教座」を指すギリシア語およびラテン語「カテドラ」で、元来は「肘掛け椅子」を示していた。カテドラルという言葉は「大聖堂」という曖昧模糊《あいまいもこ》たる言葉に訳されることが多く、ヨーロッパ語でもそのように広い意味で使われることもあるが、本書ではできる限りカテドラの有無を示すようにしていき、曖昧模糊たる「大聖堂」という用語の方は「都市を代表する教会堂」というくらいの意味で使っていきたい。

●ローマの四大バシリカ

　使徒座を有するバシリカ・サルヴァトーリスは現在、サン・ジョヴァンニ・イン・ラテラーノとよばれる。洗礼者ヨハネと

サンタ・マリア・マッジョーレ教会堂の身廊。堂々たるイオニア式列柱廊。由緒あると認められた教会堂は「バシリカ聖堂」とよばれ、この教会堂を含むローマの四大バシリカもその範疇である。

使徒ヨハネに捧げられた聖堂である。使徒座は中世末期にサン・ピエトロ・イン・ヴァティカーノ（サン・ピエトロ「大聖堂」）に移されたが、ローマ司教座はここにお残されている。したがって、ここがローマの「大聖堂」、すなわち、ローマ司教座聖堂ということになる。

コンスタンティヌス帝に由来する事業といわれるサン・ジョヴァンニ・イン・ラテラーノ、サン・ピエトロ・イン・ヴァティカーノ、サン・パオロ・フオーリ・レ・ムーラに、五世紀に建立されたサンタ・マリア・マッジョーレを加えた四棟の聖堂をローマの四大バシリカという。サン・ピエトロを除く三棟は現在イタリア共和国領だが、バチカン市国領たるサン・ピエトロ同様にローマ教皇の治外法権が認められている特別な聖堂である。

これらの聖堂はいずれもバシリカ式である。ただ、いずれの聖堂も後世大きく手を加えられていて程度の差はあるものの古代の様相をうかがうのはかなり難しくなっている。サンタ・マリア・マッジョーレの身廊と側廊を隔てるイオニア式の列柱は古代末期に由来するが、サン・ピエトロにいたっては一六世紀初頭に取り壊されてしまった。

サンタポリナーレ・イン・クラッセ教会堂（ラヴェンナ）のファサード。

●西ローマ帝国の首都ラヴェンナ

古代末期のバシリカ式教会堂の様子をかなりよく残しているのがラヴェンナにある二棟のサンタポリナーレ教会堂である。ラヴェンナは現在エミリア・ロマーニャ州の北東に位置する中都市だが、五世紀から六世紀にかけてイタリア半島の政治的中心として絶頂の時を迎えていた。そもそも末期帝政時代においてイタリア半島ではミラノが重要な都市となっていたが、四〇二年にラヴェンナが西ローマ帝国の首都となったことがその契機となった。

西ローマ帝国は、キリスト教を帝国唯一の宗教と定めたテオドシウス帝が三九五年に息子のアルカディウス（三七七〜四〇八）とホノリウス（三八四〜四二三）に帝国を分割相続させたときに東ローマ帝国とともに誕生した。西ローマを継いだのはホノリウスだったが、このときホノリウスは一〇歳そこそこの少年で、義父の将軍フラウィウス・スティリコ（三六五頃〜四〇八）の傀儡《かいらい》にすぎなかった。また、帝国の西の方はゲルマン諸族が跋扈《ばっこ》していて四一〇年には西ゴート族のアラリクスによるローマ掠奪《りゃくだつ》が起きている。

そのようなわけで西ローマ帝国時代の

ラヴェンナはイタリアの中心ではあったかもしれないが旺盛な建設事業が行われたわけではない。ホノリウスの妹ガッラ・プラキディア（三九〇～四五〇）とその子ウァレンティニアヌス三世の時代に建立されたモザイク内装の見事なガッラ・プラキディア廟堂やサン・ジョヴァンニ・エヴァンジェリスタ（福音史家聖ヨハネ）教会堂が目をひくくらいだろう。ウァレンティニアヌス三世自身はとくに有能な皇帝ではなかったが、母后や将軍フラウィウス・アエティウスが実権を握り、フン族のアッティラ大王の襲来による危機もなんとか乗り切っている。また、四四四年、勅令一七号によりローマ司教に教会の首位権が認定されたこともローマ司教＝教皇を中心とする西方教会（カトリック教会）の成立のなかで重要な出来事である。

●東ゴート王国の建築

西ローマ帝国は四七六年にゲルマン人の傭《よう》兵《へい》隊長オドアケルが幼帝ロムルス・アウグストゥルスを廃位して滅亡したが、オドアケルも四九三年に東ゴート族のテオドリクス（四五四／五五～五二六）に滅ぼされた。テオドリクスは東ローマ皇帝ゼノンの後援を受けており、皇帝から「イタ

サンタポリナーレ・イン・クラッセ教会堂の身廊とアプス。

サンタポリナーレ・ヌオーヴォ教会堂（ラヴェンナ）のモザイク。東方三博士（マギ）の礼拝が描かれている部分。マギの頭上にバルタザール、メルキオール、カスパールの名がみえる。

リア王」の称号を許されてイタリア半島に王国を樹立した。これが東ゴート王国と現在よばれている。ラヴェンナは引き続きその首都となり、テオドリクスのもと、旺盛な建設事業が行われた。代表的なものとしてサンタポリナーレ・イン・クラッセ教会堂、サンタポリナーレ・ヌオーヴォ教会堂、テオドリクス廟堂がある。

　サンタポリナーレ・イン・クラッセ教会堂は初代ラヴェンナ司教といわれる殉教者聖アポリナリスの墓所と伝えられていた場所に建設され、ラヴェンナの外港クラッシス（イタリア語でクラッセ）にあるのでこの名でよばれる。献堂式《けんどうしき》が行われたのは東ゴート王国がラヴェンナを追われた後の五四九年であり、六世紀末から八世紀まで歴代ラヴェンナ大司教（五世紀に大司教区に昇格）が埋葬されてきたが、あくまで殉教者記念聖堂であり大司教座聖堂ではない。

　ギリシアからアドリア海を渡ってはるばる運ばれてきた大理石による堂々たる列柱が身廊と側廊《そくろう》を隔てている。柱頭《ちゅうとう》に注目するとコリント式といえなくもないが、六世紀には古代ギリシアの神殿の円柱に由来するドリス式、イオニア式、コリント式といった建築様式の伝統は薄れてきていたようで、かなりデフォルメされ、全体と細部の比例関係も古典のものとはかけ離れている。天井はなく小屋組が下から丸見えになっている。初期キリスト教時代の教会堂の様相をよく残しており、そのようなものとしては最大級の遺構である。

サンタポリナーレ・ヌオーヴォ教会堂。右方の鐘楼はロマネスク時代に建造されたものである。

　一方、「新しい聖アポリナリス教会堂」という意味のサンタポリナーレ・ヌオーヴォ教会堂は五〇〇年頃にテオドリクスによって建立された。だが、当初からこの名だったわけではなく、それどころか「正統派」カトリック教会の聖堂でもなかった。東ゴート王国はテオドリクス大王のカリスマのもと、イタリア半島に盤石《ばんじゃく》の勢力を誇ったがアキレス腱が一つ存在した。アタナシウス派とアリウス派の宗教問題である。

●アタナシウス派とアリウス派

　三二五年のニカイア公会議においてアレクサンドリアのアタナシオス（アタナシウス）とアレイオス（アリウス）がキリストの神性について議論し、アタナシオスの説が正統、アレイオスの説は異端《いたん》とされて、この結果がやがて三位《さんみ》一体《いったい》説として整理されていく。すなわち、父なる神、子なるキリスト、そして聖霊《せいれい》は唯一神の三つの神格（ペルソナ）であるというキリスト教の重要な教義である。

　アリウス派はローマ帝国の東西分裂後、勢力縮小を余儀なくされたが、東ゴート人の多くはアリウス派を信奉しており、サンタポリナーレ・ヌオーヴォももともとはアリウス派の教会堂だったのである。テオドリクス大王は国内の宗教的混乱を避けるため、基本的に両派の信仰の自由を認めて両派の均衡《きんこう》をとっていたが、晩年にはアリウス派に傾き、没後の後継者争いも加わって東ゴート王国は東ローマ帝国に滅ぼされることになる。

　その後、六世紀後半には時の大司教アグネルスによってこの聖堂は「正統派」であるアタナシウス派の教会堂とされた。さらに九世紀にサンタポリナーレ・イン・クラッセから聖アポリナリスの聖遺物が移設されて現在の名となった。ラヴェンナの衰退と海岸線の移動によってクラッセが港としての機能を失って単なる寒村と化し（現在もである）、ラヴェンナ市街に位置するこの聖堂に白羽の矢が立ったのだろう。

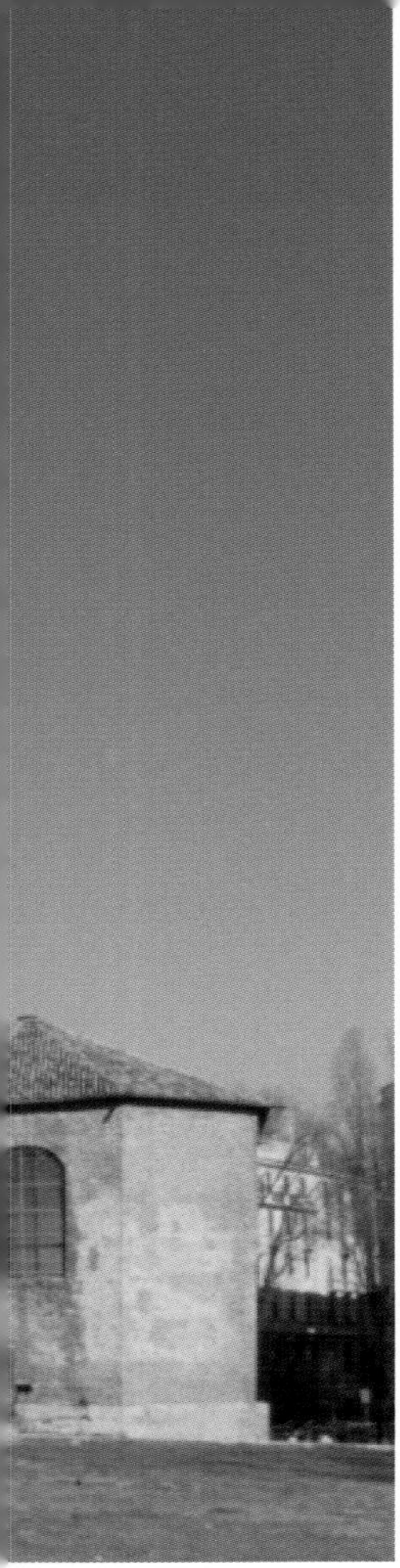

規模としてはサンタポリナーレ・イン・クラッセよりも小規模である。コリント式に似た柱頭を備える円柱が身廊と側廊の間に立ち並んでいるが、やはりかなりデフォルメされている。身廊両脇の壁面には豊かなモザイクが施されていて、聖母子像、東方三博士（マギ）の礼拝、テオドリクス大王の宮殿、クラッシスの港などが描かれている。

●集中式の教会堂

東ゴート王国が滅ぼされた後にイタリア半島を支配したのはユスティニアヌス大帝（四八三〜五六五）の東ローマ帝国だっ

| C | O | L | U | M | N |

ファサードとヴォールト

建築の世界ではよく使われる用語であるにもかかわらず、一般的には通じにくい言葉がさまざまにあるなかで、教会建築について建築界での使用頻度とそれ以外の世界での通用度に格段の差がある言葉の双《そう》壁《へき》は「ファサード」と「ヴォールト」ではないだろうか。

「ファサード」（façade）はフランス語であり、その語源はかつて「顔」を意味した「ファス」（face）である。したがって、建築の「顔」のことをさしているともいえるが、「側面ファサード」などという微妙な表現もある。筆者としてはファサードを「『平面的』とみなせる程度の立体性しか備えていない建築の立面」と定義したい。すなわち、アクロス福岡（福岡・天神）の南立面のように階段状になっていて豊かな立体性を備えているようなものは「南側ファサード」とはいわないし、軒《のき》の出の深い東洋の歴史的建造物に対してもこの用語を使うのは一般的でない。

一方、「ヴォールト」（vault）は英語であり、かつて「穹窿《きゅうりゅう》」と邦訳されたこともあったが、現在はそれほど通用していないように思われる。一般書の翻訳では「アーチ天井」、「アーチ状天井」などと翻訳されることもあるけれど、建築用語としては幼稚だといわざるをえないし、これではヴォールトの一部である半円筒形ヴォールト（トンネル・ヴォールト）しか表現できない。

ヴォールトとは「石材やれんがなどの比重の大きな建設材料を用いた立体的な天井」のことである。重い材料を用いるので構造上の問題で平面的な天井は組めないゆえ、必然的に曲面を用いた立体的な造形となるのである。木材のように軽い材料を用いて曲面を描く立体的な天井を組む場合も「木造ヴォールト」とよばれることがある。

サン・ロレンツォ・マッジョーレ教会堂（ミラノ）。西ヨーロッパの初期キリスト教時代の集中式教会堂の代表作。背面からみた方が集中式であることがわかりやすい。

た。この時代のラヴェンナの建築遺産として最も重要なものは集中式平面のサン・ヴィターレ教会堂であり、これについては次章で解説する。

集中式教会堂とは平面中央に円形あるいは多角形のドームをいただき、その他の要素がそれを中心にして配置された求心性の高い平面を持つ教会堂のことである。殉教者記念聖堂など、死と関係の深い聖堂に多く用いられた形式であり、初期キリスト教時代にはエルサレムの聖墳墓教会堂やミラノのサン・ロレンツォ・マッジョーレ教会堂のような例がある。西方よりも東方でよく用いられた平面形式であり、次章で触れるビザンツ建築の特徴にもなっていく。

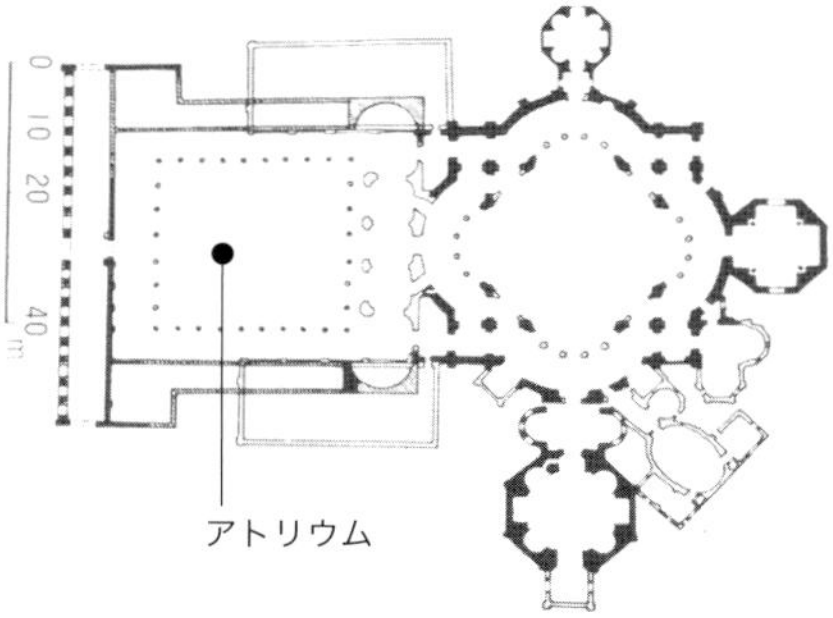

サン・ロレンツォ・マッジョーレ教会堂平面図。

古代ギリシア・ローマの神殿建築の円柱の様式

◆「異教」の神殿に由来する円柱の様式

初期キリスト教時代の教会堂建築は古代ローマ建築の一種であり、当然のごとくその建築語彙《ごい》でつくられた。それゆえ、身廊と側廊を隔てる列柱に古代ギリシアの神殿建築に由来する円柱の様式が採用されているのである。

キリスト教信徒たる後世のヨーロッパ人の一部は「異教」の建築様式を教会堂に用いることに葛藤を感じていたかもしれないが、当時の人々にとって世俗建築を含むあらゆる建築に用いられていたこれらの円柱の様式を用いることは自然であったにちがいない。本コラムではこれらの円柱の様式の概要を解説する。

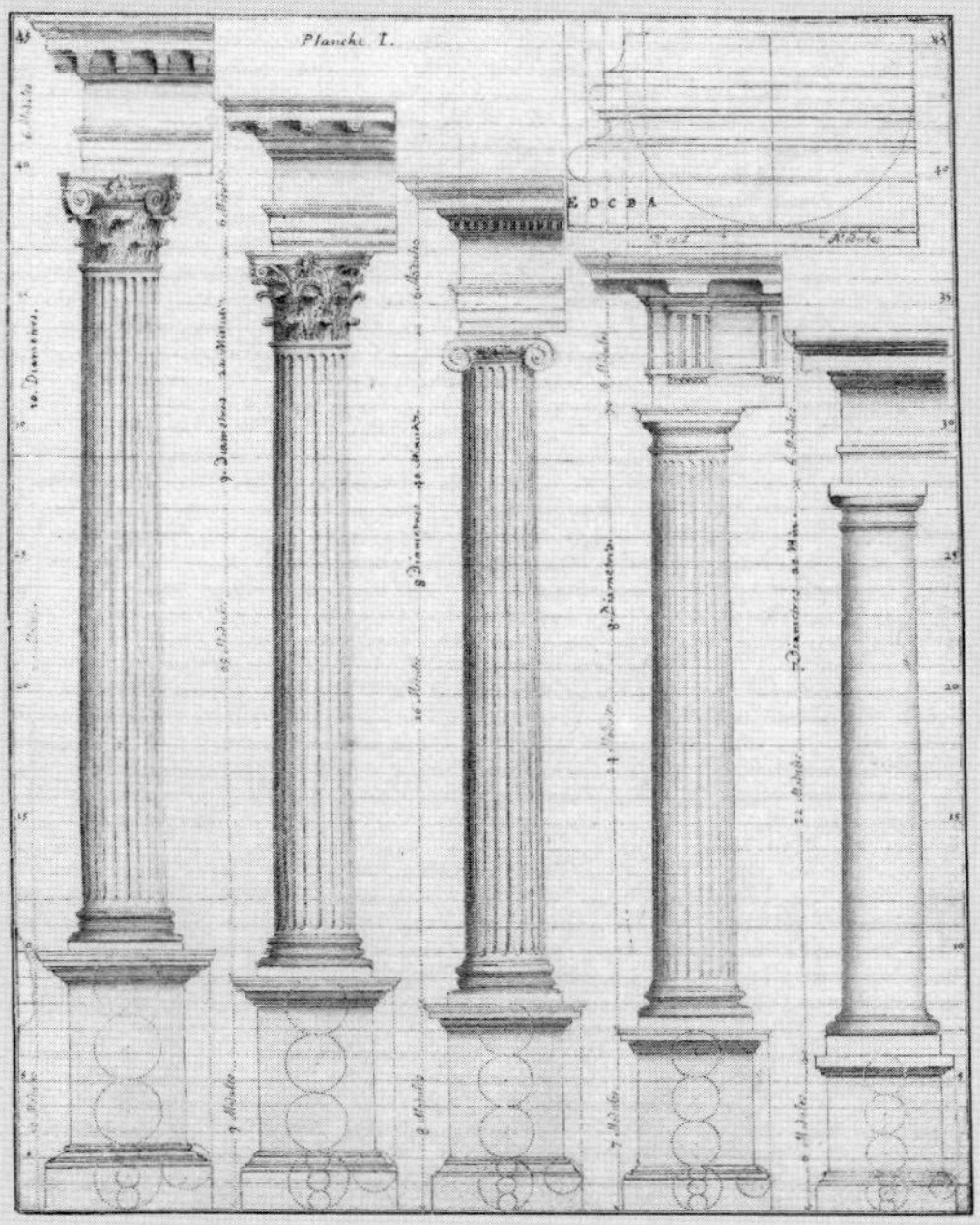

クロード・ペローが作成した5種類のオーダーの図解。右からトスカナ式、ドリス式、イオニア式、コリント式、コンポジット式と並んでいる。

これらの様式にはドリス式、イオニア式、コリント式の三種類がある。これらの本質的な違いは比例の違いであり、端的に述べるとドリス式は太い柱、イオニア式は中くらいの太さの柱、コリント式は細い柱ということである。それぞれ、男性、婦人、乙女の体のプロポーションを象徴している。だが、様式を見分ける際には柱の頭（柱頭＝キャピタルという）の装飾に注目するとよい。饅頭のような丸い部分の上に正方形の板が載ったような単純なものがドリス式、柱頭の両脇に渦（ヴォリュートという）が巻いているものがイオニア式、細かいアカンサスの葉っぱがあしらわれた華やかな柱頭を持つのがコリント式である。

これらの円柱の様式の名称も含め、その細部の装飾の名称を後世のわれわれが知ることができるのは帝政初期の建築家ウィトルウィウスの著した『建築十書』第三書と第四書のおかげである。細かいディテール名についてはおくとして、図版に示した八つの用語は知っておいた方がよいだろう。

ウィトルウィウス自身はこれらの円柱の様式のことを単に「円柱の種類」としか述べていないが、後世、すなわち一六世紀半ば以降、「オーダー」とよばれるようになる。この言葉をこの意味で史上初めて用いたのはラファエッロだというが、これは教皇宛ての私信のなかであり、この言葉の普及に大きく影響を与えたのは本のタイトルでオーダー（イタリア語ではオールディネ）という言葉を初めて用いたジャコモ・バロッツィ・ダ・ヴィニョーラ（一五〇七～七三）だろう。これが『建築の五種のオーダーの規則』（一五六二）（邦訳版は長尾重武編『建築の五つのオーダー』）である。

ここで「五種」と述べた。じつは一五世紀の建築家・建築理論家レオン・バッティスタ・アルベルティ（一四〇四～七二）の『建築論』でイオニア式の渦巻きとコリント式の葉っぱを複合した「イタリア式」（のちに「コンポジット式」とよばれるようになる）が提唱され、一六世紀には「トスカナ式」が新たに加わっていたのである。トスカナ式はドリス式よりも太く、コンポジット式はコリント式と同じ太さだが、さらに華やかな装飾を持つものと位置付けられ、それゆえ、順番はトスカナ式、ドリス式、イオニア式、コリント式、コンポジット式となる。

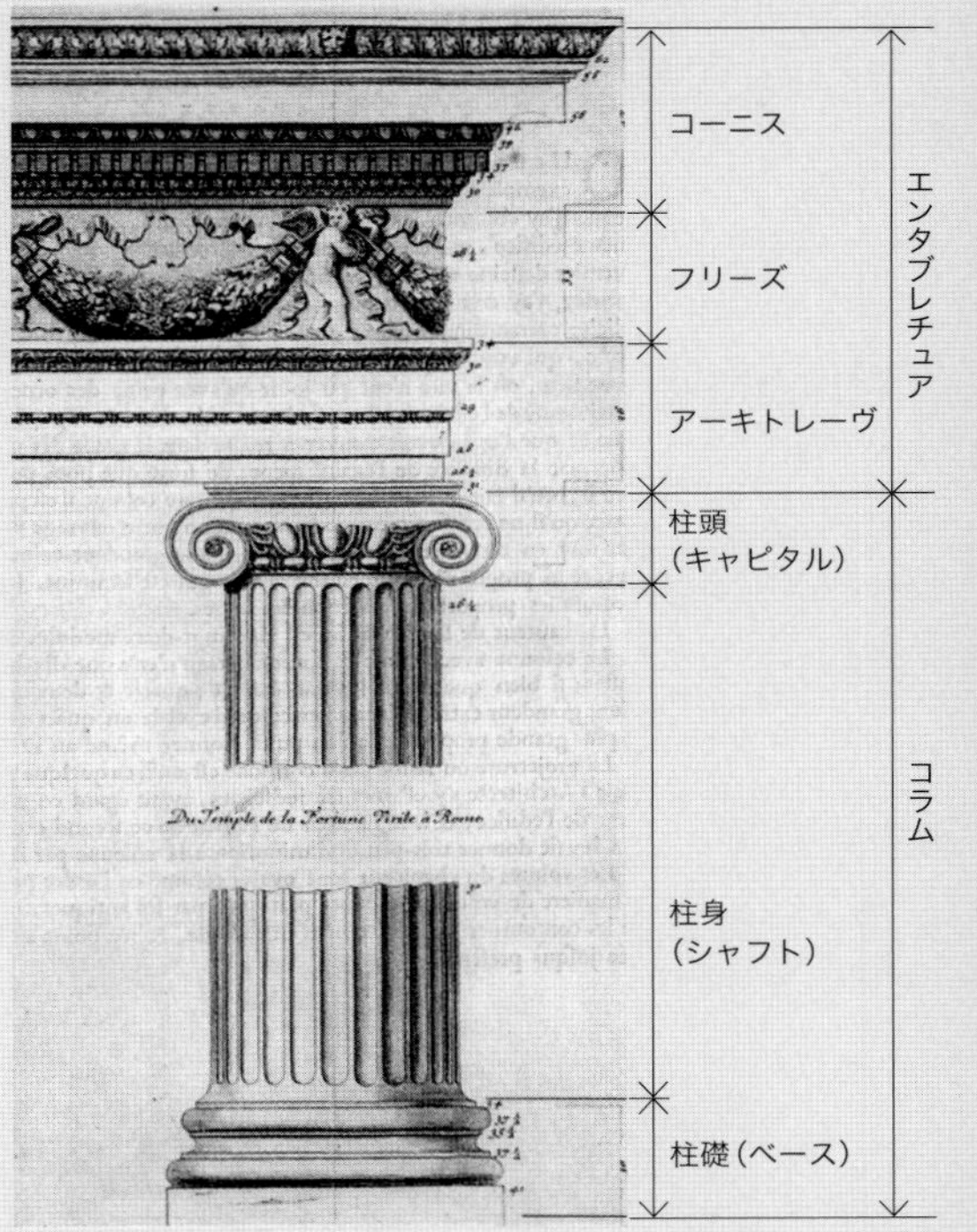

フォルトゥーナ・ウィリーリス神殿（ローマ）のイオニア式オーダーの図解。ロラン・フレアール＝ドゥ＝シャンブレ『古代建築と現代建築の比較』（1650　p.41）から引用。

◆「柱と横架材」ではなく「柱と横架材のようにみえる装飾」

先述のとおりこれらのオーダーは

ピラスターの作例。コロッセウム（ローマ）の第4層ファサード。

古代ギリシアの円柱とそれが支える横架材（梁《はり》や桁のこと）に由来するのだが、古代ローマ時代以降の使用例の多くでは構造上の役割を果たしているわけではない。古代ローマ建築の代表例であるローマのコロッセウムをみればこれは明らかだ。コロッセウムは立体的に展開したアーチ群によって全体が支えられた建築物で、外装のオーダーには構造的な役割はなく、しいていえばレリーフのようなものである。

　これは石材、れんがやコンクリートといった西洋建築で主に用いられた建築材料が「柱と横架材」からなる構造体を組むのに適していないためである。構造体にかかる基本的な力は圧縮力、引っ張り力、剪断《せんだん》力だが、以上の材料は圧縮力には強くとも残りの二つに対しては弱いのである。

　そこで古代ローマ人はオーダーをレリーフや彫刻のような装飾としてさまざまな立体感で巧みに用いた。最も立体感が薄いピラスター、壁体から柱が半分だけ浮き出してみえるハーフ・コラム（コロッセウムがこれ）、壁体の前に独立して並べられたデタッチド・コラム（壁前柱）といった手法がある。一五世紀に古代建築のディテールが復活してからも以上のような手法が用いられ、構造的な役割を負った本来の「柱と横架材」として使われることはきわめて稀だった。

ハーフ・コラムの作例。コロッセウム（ローマ）の第1層ファサード。

デタッチド・コラムの作例。コンスタンティヌス帝記念門。ここであげた三つの作例はいずれも一目で見渡せるものである。

COLUMN

洗礼堂の図像
——キリストの洗礼の表現

◆洗礼者ヨハネにちなむ

キリスト教信徒になる重要な儀式として「洗礼《せんれい》」がある。洗礼とは水によって身を清めることであり、イエスが洗礼者ヨハネからヨルダン川で洗礼を授けられたことに由来する儀式である。初期キリスト教時代から中世にかけて、この洗礼を行うための施設が独立して建設されることもあった。

アタナシウス派の洗礼堂（ラヴェンナ）の天井。現在のラヴェンナ大司教座聖堂の北側にある。

◆洗礼堂の建造

東ゴート王国時代のラヴェンナではアタナシウス派、アリウス派の両派のための洗礼堂がそれぞれ建造された。どちらも八角形平面あるいは円形平面で、天井はドーム形状となっていた。そこにはともに洗礼者ヨハネによってキリストが洗礼を授けられている場面が描かれている。

洗礼者ヨハネは毛皮をまとった姿で描かれ、キリストは川の水に腰まで浸かっている。そして、とりわけ目を引くのは天上からキリストの頭めがけて降りてくる白鳩である。これは「三位一体」の一角をなす「聖霊」を示している。輝ける白鳩によって聖霊を表現する手法は現在にいたるまで受け継がれている。

アリウス派の洗礼堂（ラヴェンナ）の天井。現在のスピリト・サント教会堂の西側、すなわち、正面ファサード前にある。

キリストの洗礼。カミーユ・コロー画。

『新約聖書』の四福音史家の表現

◆天使、ライオン、牛、鷲

教会堂を訪ねると天使、ライオン、牛、鷲といった動物が描かれているところに遭遇することがある。中世の教会堂の薔薇《ばら》窓《まど》のまわりだったり、近世の教会堂のドーム基部（ペンデンティヴとよばれる場所）だったり、その場所はさまざまだが、五世紀半ばに建設されたガッラ・プラキディア廟堂の中央ドームの四隅にもみられ、初期キリスト教時代から存在する古い象徴体系であることは確かである。

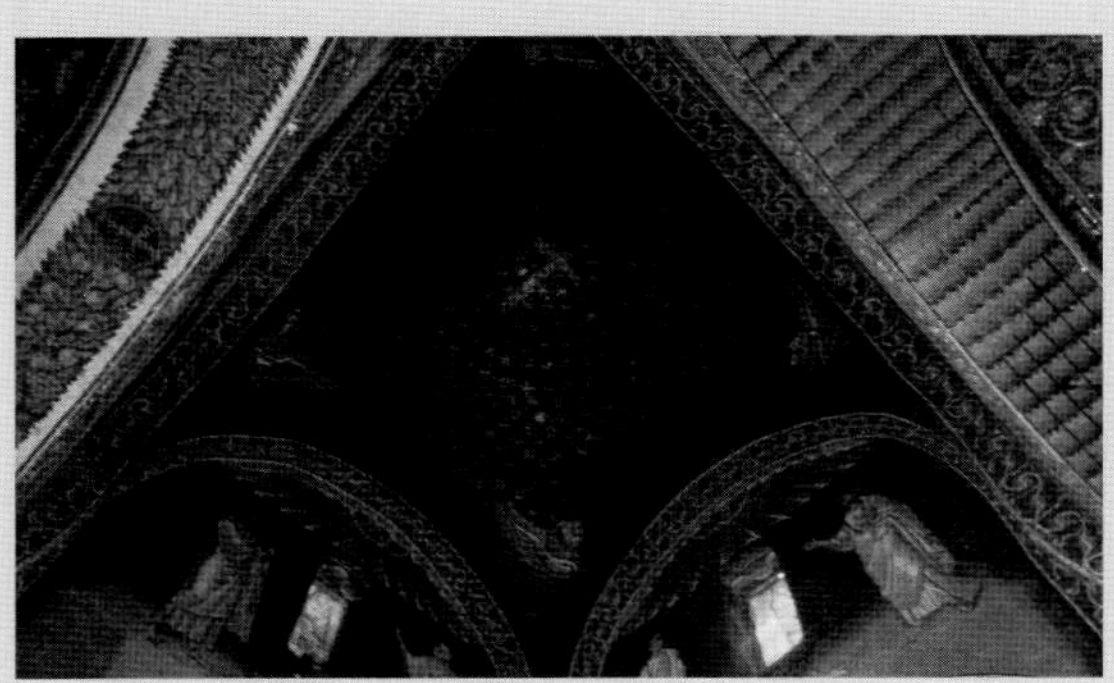
ガッラ・プラキディア廟堂の中央ドーム。

◆四福音史家

これらはそれぞれ四福音史家たる聖マタイ、聖マルコ、聖ルカ、聖ヨハネの象徴である。福音史家とは『新約聖書』の最初に配された四編の「福音書」を著したと伝えられている四名の使徒のことで、それぞれの福音書はこれらの使徒の名を冠されてよばれている。福音書とはキリストの生涯を記述したものである。それぞれの福音史家がなにゆえにこのように表現されるのかについて明確な根拠は聖書に記されていない。

サン・ドゥニ修道院付属教会堂（パリ北方）の薔薇窓。

ウルム大聖堂身廊ヴォールト。

サン・フランチェスコ修道院付属教会堂（アッシジ）。

だが、伝統的にそれぞれの福音書と福音史家の特徴を表しているのだといわれている。

なお、マタイ、マルコ、ルカ、ヨハネはヨーロッパ各国語圏においてよくみられる個人名にもなっている。英語でマシュー、マーク、ルーク、ジョン、フランス語でマテュー、マルク、リュク、ジャン、イタリア語でマッテオ、マルコ、ルカ、ジョヴァンニ、ドイツ語でマテウス、マルクス、ルーカス、ヨーハン（ハンス、ヨハンネス）という。

4名の福音史家。向かって左からルカ、マタイ、マルコ、ヨハネ。リュベンス画。

CHAPTER

第2章

古代・中世・ルネサンスの教会建築
ビザンツ建築
古代建築最後のきらめき

サン・ヴィターレ教会堂（ラヴェンナ）。

●「ビザンツ」の始まり

ユスティニアヌス大帝は将軍ベリサリウス、のちにナルセス率いる帝国軍を派遣してテオドリクスの後継者たちを打倒しイタリア半島支配を確立した。ラヴェンナは引き続き東ローマ帝国のイタリア半島経営の中心地となる。

ユスティニアヌス大帝の野望はかつての統一ローマ帝国の復活だったが、政治や社会の面ではギリシア化が始まった時代といわれる。それゆえ、現代ではこれ以降の東ローマ帝国のことをコンスタンティヌポリスの古名ビュザンティオンから「ビザンツ帝国」あるいは「ビザンチン帝国」とよぶことが多い（「ビザンチン」は形容詞なので本書ではビザンツ帝国と記すことにする）。

東ローマ皇帝ユスティニアヌス1世。

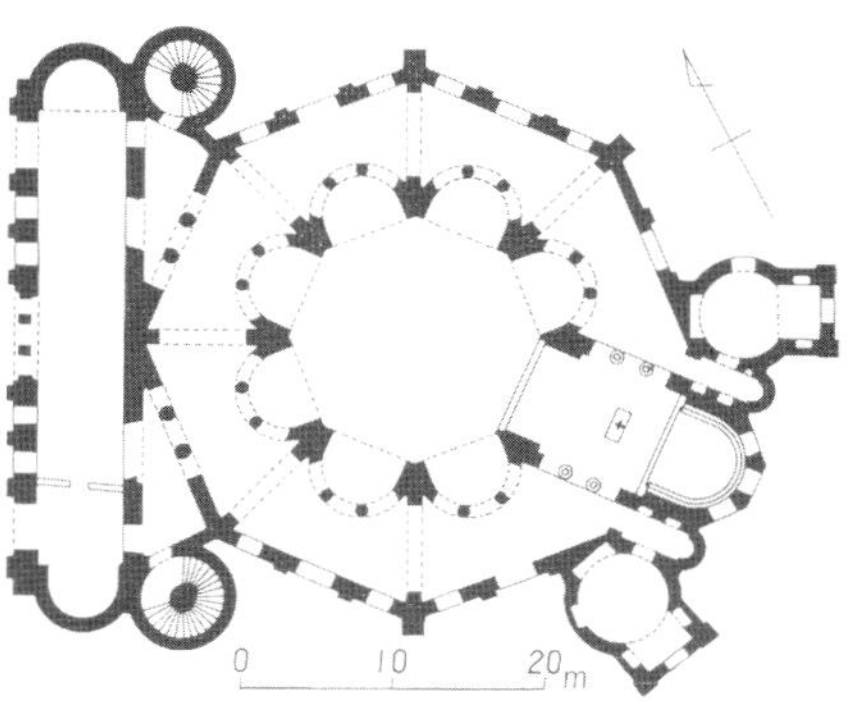

サン・ヴィターレ教会堂平面図。

建築の世界でもビザンツ帝国の建築のことをビザンツ建築、ビザンチン建築というけれども、同時代の建築をみてみると古代ローマ帝国に直接連なる建築だといえるので、それらはビザンツ建築の始まりであると同時に古代建築最後の栄光でもあるだろう。

●サン・ヴィターレ教会堂

ラヴェンナにおける東ローマ帝国の建築の代表例がサン・ヴィターレ教会堂である。ギリシアの銀行家ユリウス・アルゲンタリウスが出資して東ゴート王国時代の五二七年に司教エクレシウスによって着工され、五四七年に大司教マクシミアヌスによって献堂式が挙行された。いわゆる「大聖堂」ではなく、初期の殉教者と伝えられる聖ウィタリスに捧げられた殉教者記念聖堂であり、それゆえ、集中式平面が採用されたと考えられる。現在は「バシリカ聖堂」と格付けられている。ここでいう「バシリカ」とは建築上の「バシリカ形式」のことではなく、カトリック教会によって認められた教会堂としての称号のことである。

中央には八角形平面のドームが架けられていて、それを中心とした八角形平面の本堂にナルテクスが付属している。以上の空間やディテールのデザインは古代ローマ建築の延長線上にあるものだが、祭壇まわりの構成や豊かなモザイク装飾、柱頭のデザインなどには新たなビザンツ建築の特徴が現れている。

とりわけ、祭壇まわりの『旧約聖書』のエピソード（アブラハムとイサク、カインとアベル、モーセやエレミアなどの預言者）、四福音史家、そしてユスティニアヌス帝と皇

サン・ヴィターレ教会堂内部の柱頭。もはやコリント式の面影はほとんどない。エンタブレチュアもデフォルメされて二重キャピタル（二重柱頭）の一部となっている。

妃テオドラを描いたモザイクは古代の作例のなかでも傑作の誉れが高い。また、二棟のサンタポリナーレ教会堂ではコリント式の柱頭のデフォルメにとどまっていたのに対して、ここでは独特な抽象化が進みビザンツ独自の二重キャピタルが出現している。

●ペンデンティヴ・ドームの工夫

だが、二重キャピタルはビザンツ建築最大の特徴ではない。おそらくそれは「ペンデンティヴ・ドーム」という工夫になるだろう。ペンデンティヴ・ドームとは正方形平面の上に円形平面のドームを架構するために工夫された構法である。ドーム架構自体はヨーロッパでもハドリアヌス帝時代に建立されたローマのパンテオンのような偉大な作例があり、直径

サン・ヴィターレ教会堂内陣向かって左側のモザイク。献堂式の様子を象徴的に描いたもの。中央にはユスティニアヌス大帝がいるけれども、実際には参加しなかったという。その右にいるのがラヴェンナ大司教マクシミアヌス。

サン・ヴィターレ教会堂内陣向かって右側のモザイク。皇妃テオドラとその侍女たち。衣装や宝石の表現がきらびやかな傑作モザイク。

四三メートルにも及ぶ半球形のドームは産業革命を迎えるまでヨーロッパ最大のドームだった。だが、これは円形平面の上に載せられたものであり、構造的には自然な形態だった。

一方、正方形平面の空間の上に直接円形平面のドームを載せると円と正方形の接点四か所でのみ支持する形になり、かなり不安定になる。それを解消するためにはもう一工夫必要だった。そこで、正方形平面の四辺上にアーチを組み、これら四本のアーチの頂点にドームを載せる

サン・ヴィターレ教会堂内陣上方のモザイク第2層。第2層には『新約聖書』の福音書を執筆したという四福音史家から聖ルカと聖ヨハネが描かれている。ルカとヨハネの上方には、それぞれの象徴である牛と鷲が配されている。

サン・ヴィターレ教会堂内陣上方のモザイク第1層。第1層には『旧約聖書』から息子イサクを犠牲に捧げようとするアブラハム、預言者モーセと預言者エレミアが描かれている。

ハギア・ソフィア総主教座聖堂（イスタンブル）の外観。写真提供・佐藤達生氏。

ことにした。アーチの円弧《えんこ》とドーム平面の円弧のあいだには正方形平面に外接する円を平面とする半球面が切り取られるように存在していて、アーチに支えられたこの曲面全体がドームを支えるようになっていた。じつはこの四か所の曲面のことを「ペンデンティヴ」という。見た目にはドームから垂れ下がっているようにみえるからである。

●ハギア・ソフィア総主教座聖堂

ペンデンティヴ・ドームの構法を採用した最大級の作例がユスティニアヌス帝治世下にコンスタンティヌポリスに建立されたハギア・ソフィア総主教座聖堂である。設計・施工はトラッレスのアンテミオス、およびミレトスのイシドロス

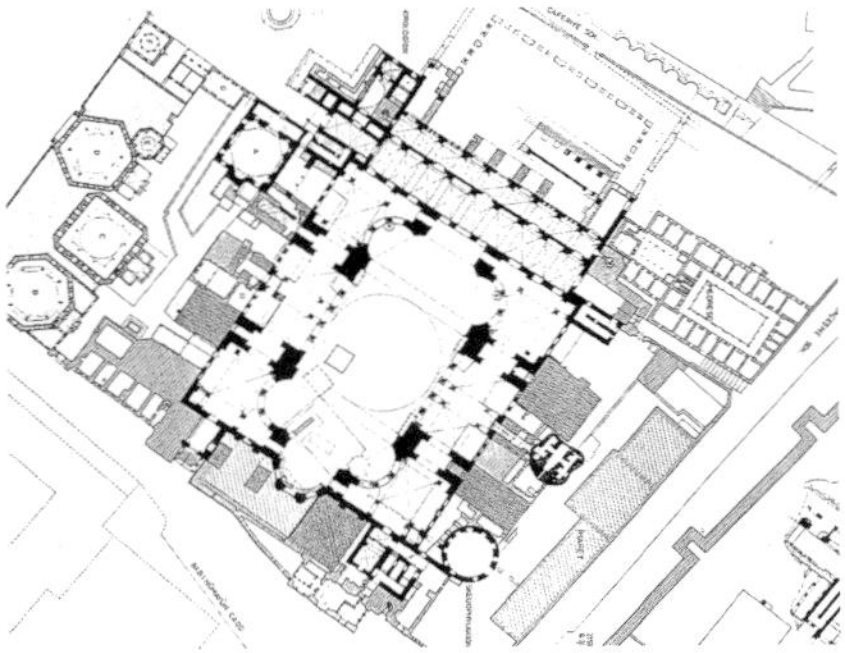

ハギア・ソフィア総主教座聖堂平面図。

による。コンスタンティヌポリス総主教座が置かれていたビザンツ帝国第一の格式を誇る教会堂だった。一四五三年、ビザンツ帝国がオスマン帝国に滅ぼされたあと、ハギア・ソフィアはモスクに改装された。現代では「アヤソフィア博物館」として博物館に転用されて公開されるようになったが、二〇二〇年七月二四日、再びモスクとなった。

この聖堂の空間構成をみると、中央にペンデンティヴ・ドームを頂き、それを半ドームなどでまわりから支えるという集中式の色が濃いが、入口からみるとドームを備えた中央部分と二層のアーケードで隔てられた脇の部分という三部分からなっていて、入口から奥へという指向性を持つバシリカ式平面の要素も併せもっている。

●フランク王国への影響

ビザンツ帝国支配の下、六世紀後半にラヴェンナには総督が置かれ、イタリア半島の帝国領はラヴェンナ総督領となった。総督領は七五一年にランゴバルド人に滅ぼされるまで存続し、この間、あるいはそれ以降もビザンツ文化は西ヨーロッパの文化に大きな影響を与えていった。

たとえば、ビザンツ帝国がペルシア方面からシリア、パレスティナへの圧力を受けたときにシリアやギリシアからの亡命聖職者が南イタリアに流入しており、その数は七二六～七五年にかけて五万人ほどといわれている。そのため、シリアやギリシア出身のローマ教皇が相次いで輩出され、六四二～七七二年のあいだ、レオ二世、セルギウス一世、グレゴリウス三世など、二三名中一四名の教皇がギリシア語を話したという。

ハギア・ソフィア総主教座聖堂のドーム。高さ41メートル強のところから架構されたドームの直径は32メートルに及ぶ。トラッレスのアンテミオス、および、ミレトスのイシドロスによる力作で、532年に着工した工事は537年には早くも竣工している。相次いだ地震により558年にドームの一部が崩壊した後、後者の甥と思われる小イシドロスによって修復工事が行われた。写真提供・佐藤達生氏。

アーヒェンのカロルス大帝の宮殿付属礼拝堂。八角形平面のドームと十六角形平面の本堂からなる集中式平面の部分が当初の礼拝堂。後ろにゴシックの内陣が増築され、手前には18世紀の増築部分がみえる。1801年にケルン大司教区とリエージュ司教区の一部をもってアーヒェン司教区が設立され、1821年に廃止されたものの1930年に再創設されている。この礼拝堂はこのアーヒェン司教区の司教座聖堂となっている。

建築も例外ではない。現在はドイツ北西部の国境の町となっているアーヒェンの司教座聖堂はかつてのフランク王国の宮廷礼拝堂であり、これはラヴェンナのサン・ヴィターレ教会堂の大きな影響を受けたものだという。フランク王国とラヴェンナのかかわりはカロリング朝初代の王ピッピヌス（ピピン）三世までさかのぼる。

ピッピヌス三世はローマ教皇ステファヌス二世と結んで、ラヴェンナ総督領を滅ぼしたランゴバルド族を討ち、かつての総督領をローマ教皇領として寄進したが、これに対して教皇レオ三世はピッピヌスの子カロルス（七四七～八一四　カール大帝、シャルルマーニュ）に「ローマ皇帝」の冠を授け、さらに教皇ハドリアヌス一世はカロルス大帝にラヴェンナから所望するものすべて持ち去ってよいことを許したのである。アーヒェンは八世紀から九世紀にかけてフランク王国の本拠地であり、それゆえ、ここにラヴェンナの文物のみならず、その建築形式も持ち込まれた。

だが、アーヒェンのカロルス大帝の礼拝堂には独自の工夫や北方らしさもうかがえる。中央の八角形ドームを囲うよう

サン・マルコ礼拝堂（ヴェネツィア）の正面ファサード。正面ファサードにみられる華やかなモザイク装飾は一点を除いて17世紀から19世紀にかけてのもの。13世紀までは構造材料がむき出しになった地味な外観だった。

サン・マルコ総大司教座聖堂の正面ファサード左端のモザイク装飾。ファサードで唯一の中世までさかのぼるモザイク。使徒マルコの遺体を礼拝堂に運び込むところが描かれている。

に建てられた本堂本体はもっと複雑な十六角形であり、また、全体の比例も鉛直上方に延びていくようなものとなっている。

●ヴェネツィアのサン・マルコ礼拝堂

ラヴェンナ総督領が滅んだ三〇〇年ほどのちに建立されたヴェネツィア元首宮殿付属礼拝堂もビザンツ建築の系譜に連なる。これはナポレオンによるヴェネツィア占領以降、総大司教座が移されて「サン・マルコ大聖堂」となっている。サン・マルコとは福音史家マルコのことであり、八二八年にエジプトのアレクサンドリアから聖マルコの遺体と伝わるものがヴェネツィアにもたらされ、八二九～三二年に新礼拝堂が建設されて、そこに安置された。

九七六年に内乱によって最初の礼拝堂は焼失したが、一〇六三年頃から現在の聖堂が建設された。一〇七一年にはモザイク装飾に着手し、一〇九四年一〇月八日に献堂された。中央にペンデンティヴ・ドームを備えたギリシア十字形平面の集中式平面はミレトスのイシドロスが設計したと伝わる聖使徒教会堂（コンスタンティヌポリス）に倣《なら》ったものといわれ、内部のモザイク装飾も含めて西方における最も完全な形で残るビザンツ建築となっている。

一二〇四年、ヴェネツィア共和国は第四次十字軍を操ってコンスタンティヌポリスからビザンツ皇帝を追い、多くの戦利品がこの聖堂にもたらされた。古代のブロンズ彫像の名高い傑作である正面中央入口直上の四頭の馬像もそうである。

●カトリック教会と「聖遺物」

カトリック教会にとって「聖遺物《せいいぶつ》」とよばれる、聖人の身体の一部や縁《ゆかり》の品物は聖人信仰（カトリック教会では「崇敬《すうけい》」という）と結びついて重要な意味を持っていた。巡礼の目的ともなっており、各地でさかんに収集活動も行われていた。また、西ヨーロッパ各地で都市の勢力が増していくにつれて、都市の「守護聖人」に対する関心も高まりをみせ、その守護聖人の聖遺物の価値も高まっていった。

聖遺物のなかでも最も価値あるものととらえられてきたのは、むろん、救世主イエス・キリスト自身の聖遺物である。ただし、キリストは復活したあとに昇天しているので、彼にまつわる聖遺物は荊《けい》冠《かん》、聖十字架、聖釘《せいてい》、聖骸布《せいがいふ》などキリストの「受難《じゅなん》」（キリストが十字架に架けられたこと）にちなむ「もの」が多い。

キリストの弟子である十二使徒に縁の聖遺物も非常に尊崇された。聖ペテロの墓所はローマのサン・ピエトロ使徒座聖堂、聖ヤコブの墓所はサンティアゴ・デ・コンポステーラ大司教座聖堂、そして、聖マルコの墓所はエジプトのアレクサンドリアにあって、それぞれ熱心な巡礼者が絶えなかった。

だが、イスラム教徒の勢力が伸張してくるに及び、アレクサンドリア教会が危うくなった。ヴェネツィアはここに目をつけたのである。ヴェネツィアのもともとの守護聖人はサン・テオドーロ（聖テオドロス）だったが、海洋帝国としての第一歩を歩みはじめたヴェネツィア共和国にとって、四福音史家の一人であり、使徒座を有する五大教会の一つアレクサンドリア教会が伝えてきた聖マルコの聖遺

カロルス大帝の宮廷礼拝堂（アーヒェン）の聖遺物箱。

サン・マルコ総大司教座聖堂の内部。

骸を獲得したことはその声望を高めることとなった。

●わが国のビザンツ建築

わが国のビザンツ建築は、東方教会あるいはギリシア正教会の流れをくむロシア正教会の亜使徒聖ニコライらの聖職者たちによる布教活動とともにもたらされた。初期の作例としては函館ハリストス正教会のような、ほとんど礼拝堂くらいの大きさの小品があり、ここがわが国における正教会発祥の地である。

サン・マルコ礼拝堂の4頭の馬のブロンズ像（レプリカ）。諸説あるが、紀元前2世紀から紀元2世紀のあいだに制作されたといわれている。本物は聖堂内の博物館に展示されている。

東方正教会はコンスタンティヌポリス総主教（正教会ではコンスタンディヌーポリという）を首長と仰ぎ、中世まで西方のカトリック教会と並ぶ勢力を誇っていた。一〇五四年には相互破門により東西教会は完全に分裂し、「普遍」（カトリック）なる教会を名乗る西方教会に対して「正統」（オルトドクス）なる教会と称した。彼らにとっては東方正教会こそが初期キリスト教時代の教義を忠実に受け継ぐ教会であり、それゆえ、カトリック教会は一〇五四年に「正統教会」から分派した教会という見方になるのである。

イスラム教の勢威が広まるに際して、東方では影響力を減じていくが、バルカン半島やルーシ（のちのロシア）方面へと布教を進め、ロシア正教会、ブルガリア正教会などの形で現在にいたっている。わが国へはロシア正教会主体で布教が進み、現在では「日本正教会」として事実上独立した正教会（「自治教会」アフトノモス）となり、東京大主教々区、東日本主教々区、西日本主教々区に分かれていて三つのカテドラ（主教座）を擁している。

ＪＲお茶ノ水駅南にある東京復活大聖堂（通称ニコライ堂）は東京大主教座聖堂であり、わが国における代表的なネオ・

ビザンツ建築である。一八八四年から九一年にかけてイギリス人建築家ジョサイア・コンドル（一八五二〜一九二〇）の監督により工科大学教授シチュールポフの設計をもとに建設されたが、一九二三年九月一日の関東大震災でドームが破壊されるなど大きな損害を被った。その後は岡田信一郎によって再建・修復されている。コンドルのデザインはビザンツ建築というよりはロマネスク建築に近いものだったが、岡田の仕事によりドームその他はネオ・ビザンツ様式になり、さらにビザンツ風の傾向を強めた。堂内各所にみられる「イコン」とよばれる聖像の存在も正教会の教会堂の特徴である。

東京復活大聖堂（ニコライ堂）。

東京復活大聖堂（ニコライ堂）。ロンバルディア帯（第3章参照）のみられる外壁はビザンツというよりもロマネスク（第3章参照）の特徴が色濃い。ドームは様式建築の天才・岡田信一郎により、当初のものよりビザンツらしさが増した。

パンテオン（ローマ）。アウグストゥス帝の軍事面での右腕マルクス・ウィプサニウス・アグリッパが創建し、118～25年頃に五賢帝の一人ハドリアヌス帝が再建した。直径43メートル超の半球形ドームは産業革命を迎えるまでヨーロッパ最大のドームだった。

CHAPTER

第3章

地方性豊かなロマネスクの教会建築

古代・中世・ルネサンスの教会建築

石造建設技術の興隆

中世前期（五～一〇世紀）の西ヨーロッパの社会・経済は、カロルス大帝時代のいわゆるカロリング・ルネサンスなど例外はあるが総じて安定せず、文化的にもビザンツ帝国のほうが洗練されていたといってよいだろう。むろん、イスラム教の勃興《ぼっこう》以降、ビザンツ帝国の方も勢力縮小を余儀なくされていたのだが、東はルーシ（のちのロシア）から南はシチリア島にいたるまでヴァイキングの跳梁跋扈《ちょうりょうばっこ》著しく、フランク王国をはじめとする諸国を動揺させた。

それゆえ、建設活動が前後の時代と比較して旺盛だったとはいいづらいところがあり、古代ローマ建築を教会堂や礼拝堂として転用することも多かった。ローマのパンテオンはその代表例であり、六〇八年頃に東ローマ皇帝フォカスが時の教皇ボニファティウス四世に贈与してサンクタ・マリア・アド・マルティーレス教会堂として現在にいたるまで教会堂として使用されている。城塞や築城についても多くは石造ではなく土や木材で建造されていた。

だが、一一世紀、つまり第二ミレニアムを迎えた頃から西ヨーロッパ経済は盛り返しはじめ、石造建築物を成立させる技術と建材供給体制が確立してくる。そのため、城塞や都市築城は石造となって、現在のわれわれが「ヨーロッパのお城」から連想するようなものが登場し、教会建築においては堂々たる石造《せきぞう》天井が築かれるようになった。

このように石材やれんがといった重い材料で立体的に造形された天井のことを「ヴォールト」という。石材やれんがは木材よりも比重の大きな材料なので平面的ではなく立体的に造形されるのであり、とりわけ、半円筒形のトンネル・ヴォールト、それを交差《こうさ》させた交差ヴォールトがよく用いられた。

教会堂中央部にドームが築かれることもあった。ただ、ビザンツ建築にみられれ

ポルタ・ニグラ（トリア）。200年前後に建造されたアウグスタ・トレヴェロールムの北城門。中世には教会堂に転用されていた。

るペンデンティヴ・ドームの構法ではなく、もっと単純なスキンチ（スクウィンチ）を用いた構法で建造されることが多かった。これは正方形平面の各辺に架けられたアーチの上に斜めにアーチを架けわたして、その上に八角形あるいは円形平面のドームを載せるという構法である。西ヨーロッパに大々的にペンデンティヴ・ドーム構法が導入されるのは一五世紀からのルネサンス時代以降である。

●ロマネスク教会堂の平面と空間

一一世紀以降、西ヨーロッパ各地で聖堂建築がさかんに建立されていった背景として、以上のような石造建設術の発展の他、農業生産の増大とそれを背景とした都市経済の発展や、第二ミレニアムを迎えたことによる宗教的情熱の盛り上がりなどが指摘されている。これらの一一世紀から一二世紀半ばにかけてさかんに建立された教会堂のデザインは、後世、「ロマネスク」とよばれるようになった。「ロマネスク」とは「ローマ風」という意味であり、古代ローマ建築によくみられる半円形アーチが多用されたのでそうよばれるようになったという。

ロマネスク教会堂の平面形式はバシリ

カ式を踏襲《とうしゅう》している。すなわち、本堂部分は身廊《しんろう》と側廊《そくろう》からなっているが、側廊最奥部に側廊から平面左右に少し突出するような形で「トランセプト」とよばれる部分が張り出すようになっている。トランセプトは邦語では「交差廊」、「袖廊」と訳されることが多い。

　また、身廊の最奥、アプス手前には初期キリスト教時代以来、祭壇が配されているが、この部分が半ば独立する空間として整備されるようになった。これを「クワイヤー」といい、邦語では「内陣《ないじん》」と訳される。これはもともと、わが国の寺院建築の用語だがもはや定訳となっているので本書でもこれを用いる。以上のような工夫によって教会堂平面はいわゆるラテン十字形平面となった。

　平面形態はバシリカ式を踏襲したが、内部空間は初期キリスト教時代の教会堂よりも暗く厳《おごそ》かになった。これは重量のある石造ヴォールトを頂くようになって全体にトップヘヴィーな構造体となったがゆえに、壁体《へきたい》の厚みは増し、高窓の大きさと数が減ぜられたからである。また、この構造体を効果的に支持するためにアーチも多用されるようになった。

サン・ジェルマン・デ・プレ修道院付属教会堂（パリ）。

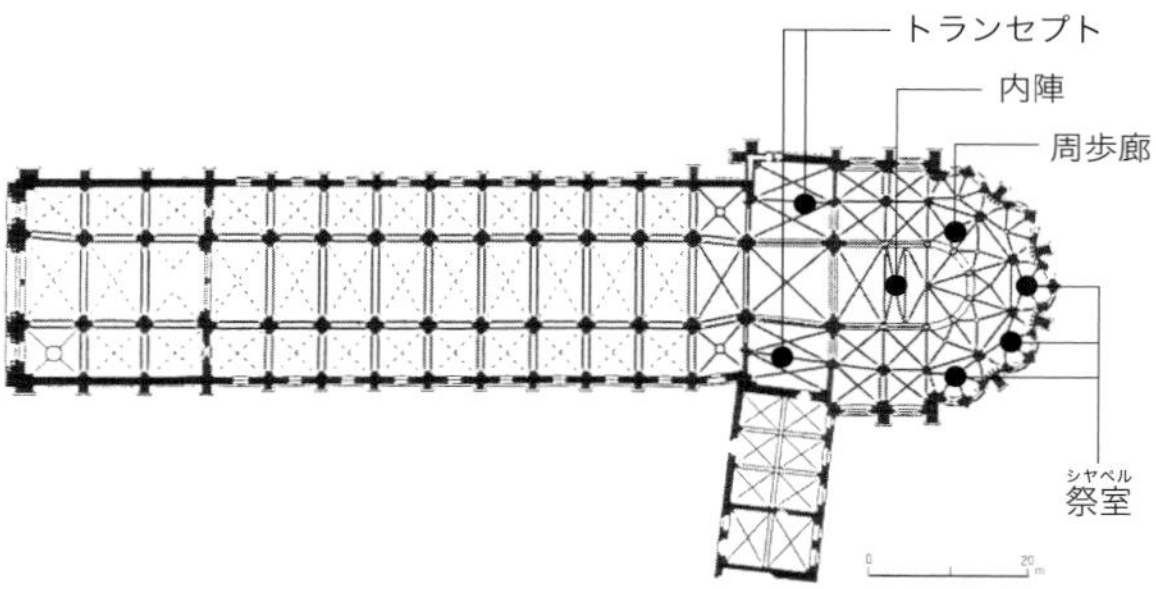

ヴェズレーのサント・マリー・マドレーヌ教会堂平面図。

●フランスのロマネスク

　ひとくちにロマネスク建築といっても国や地域によってそれぞれ独自の特徴がある。フランスのロマネスクの特徴としてあげられるのは「放射状祭室《ほうしゃじょうさいしつ》」とよばれる平面形態である。アプスの発展形の一つであり、内陣のまわりを「周歩廊《しゅうほろう》」で取り巻いて、さらに外側に「祭室《シャペル》」を並べたものをいう。内陣を中心に祭室が放射状に並べられているようにみえるからである。この特徴は次のゴシック建築にも引き継がれ、ヨーロッパ中に広がっていった。

　フランスのロマネスクは、使徒聖ヤコブの墓があるというサンティアゴ・デ・コンポステーラ大司教座聖堂（一〇七五～一一二二）への巡礼の道に沿ってよく建設されたといわれる。トゥールーズのサン・セルナン教会堂（一〇八〇頃～）やヴェズレーのサント・マリー・マドレーヌ教会堂

シュパイアー皇帝大聖堂の正面ファサード。現在の西構は1854～58年にネオ・ロマネスク様式で再建された。

（一一二〇～六〇頃）などが代表例である。

また、一〇世紀に創設された、ベネディクト会の一派であるクリュニー修道院の聖堂は三期にわたって造営された大規模なロマネスク聖堂で、西ヨーロッパの広い範囲に影響を及ぼした。

首都であるパリにおける作例としてはサン・ジェルマン・デ・プレ修道院付属教会堂がある。現在この聖堂のあるあたりはパリの繁華街の一つとなっているが、当時はパリの城壁の外側に位置した。修道院は五七六年にパリ司教聖ゲルマヌスがここに葬られたことに由来し、以後、歴代のフランク王（メロヴィング朝）の墓所となった。九世紀に四度にわたってノルマン人によって破壊され、現在の聖堂は九九〇年から一〇二一年にかけて建立されたものである。さらに一一六三年、内陣が拡張され、教皇アレクサンデル三世の手によって献堂式が行われた。パリのノートル・ダム司教座聖堂が起工したのと同じ年である。当時のパリ司教はモーリス・ドゥ・シュリーだったが、司教に対する修道院の独立性を示すために献堂式には呼ばれなかったという。一六四六年には内陣に倣って身廊のヴォールトが架構されている。

●ライン川およびその支流流域のロマネスク

現在、大規模なロマネスク聖堂が比較的数多く残っているのがライン川およびその支流の流域だろう。現在の国境線にのっとっていうならドイツ西部、ベルギー、オランダということになる。この地方のロマネスクの特徴としては「西構」（ヴェストヴェルク）、および、「二重内陣」（ドッペルコーア）の平面形態があげられる。

西構とは教会堂の西側正面に設けられた多層の構築物のことであり、身廊と側廊からなる本堂部分から独立はしていな

シュパイアー皇帝大聖堂のドーム基部。

シュパイアー皇帝大聖堂の身廊。

いが、独自のドームや塔を備えている場合もある。ナルテクスの発展形ではあろうが、その由来についてははっきりしたことはいえない。シュパイアー（ドイツ）の皇帝大聖堂《カイザードム》にはドームと双塔を備えた堂々たる西構がみられ、リエージュ（ベルギー）のサン・バルテルミー参事会聖堂やマーストリヒト（オランダ）のシント・セルファース大聖堂も双塔を備えた立派な西構を備える。塔の屋根は四枚の菱形を組み合わせた形態のものが多く、四本以上の塔を備えているものが数多くみられる。

　この西構にもアプスを前方に突出させて祭壇とともに内陣を設けたものを二重内陣という。その由来については、教会堂が二人の聖人に捧げられたから、あるいは、それぞれローマ教皇の教権と神聖ローマ皇帝の帝権を象徴しているからなどといった理由が唱えられている。二重内陣の形式をとる場合は教会堂への入口は正面のアプスの両脇に設けられることになる。コブレンツとケルンの間に位置するベネディクト会マリア・ラーハ修道院の聖堂やニュルンベルクのザンクト・ゼーバルドゥス小教区教会堂、トリア大司教座聖堂など、ドイツ語圏に作例が多い。

　トリアのザンクト・ペーター大司教座聖堂の西構はとりわけ堂々たるもので、西側正面中央にかなり大規模なアプスが張り出している。帝政末期、トリアはローマ帝国西方領北側の中心地アウグスタ・トレヴェロールムであり、その聖堂の起源も古い。現在の聖堂は、四世紀の集中式聖堂を核として、その西側にロマネス

サン・バルテルミー参事会聖堂（リエージュ）。近年の修復時に華やかな色彩をほどこされた。

ザンクト・ゼーバルドゥス小教区教会堂（ニュルンベルク）。ニュルンベルクは真ん中に流れるペグニッツ川を挟んで二つの小教区に分かれていた。この聖堂は北側の小教区教会堂だった。正面ファサードと身廊上部はロマネスクで側廊と内陣、交差廊はゴシック。

ザンクト・ペーター司教座聖堂（トリア）のファサード。トリアには早くも1世紀に司教区が創設されたと伝わっており、8世紀に大司教区となった。トリア大司教は神聖ローマ皇帝カール4世の黄金勅書により七選帝侯の一人となり、世俗君主としても栄華を誇った。1801年に再び司教区となり現在にいたっている。

ク時代の身廊と側廊、そして西構が増築されたものである。

●イタリアのロマネスク

大理石の産地に近く古代建築の遺構も多くみられるイタリアでは、厳《おごそ》かな北方の石造建築とは異なる華やかで色彩に富むロマネスク建築が多く建てられた。また、身廊と交差廊の交わるところにドームが架構されることも多かった。これらのドームはビザンツ建築にみられるペンデンティヴ・ドーム構法ではなく、技術的にはもっと単純なスキンチを用いた構法で架けられた。ミラノのサンタンブロージオ教会堂、ピサのサンタ・マリア・アッスンタ（聖母被昇天）大司教座聖堂、パルマの同名の司教座聖堂などがドームを持つ作例としてあげられる。

また、「ロンバルディア帯《バンド》」とよばれる特徴的な装飾がみられることも多い。ロンバルディア帯とは、軒の直下に連続する小アーチからなる装飾であり、「ロンバルディア」というミラノを中心とする地方名を冠されているが、各地のロマネスク建築に広くみられる特徴である。

サンタンブロージオ教会堂（ミラノ）のドーム。スキンチとよばれる技法で八角形平面のドームが支持されている。

イタリアのロマネスクのなかでもピサ大司教座聖堂は「ピサの斜塔《しゃとう》」があることで有名である。これは大司教座聖堂の鐘楼《しょうろう》として建設されたもので、建設時から傾きはじめたものを何とか自立させようとしてバナナ状に曲がる曲線をみせている。多くの塔を本堂に備える北方のロマネスクとは異なり、イタリアでは鐘楼を本堂とは別に建造することが多い。鐘楼だけではなく洗礼堂も別棟として建設されたのでイタリアの多くの大規模教会堂建築は本堂、洗礼堂、鐘楼の三点セットで構成されることになった。

ピサ大司教座聖堂の洗礼堂も本堂に正対し独立して建造され、第一層がロマネスク、第二層が次章で述べるゴシックとなっている。古代建築とは異なり、明確な基礎が地上に現れていないので地面から直接生えているようにみえる。

本堂の方は五廊式のバシリカ式平面で、身廊と側廊を隔てる円柱は正確なコリント式である。それもそのはずで、一〇六三年にピサがパレルモでイスラム

アッシジのサン・フランチェスコ修道院付属教会堂。

サンタ・マリア・アッスンタ大司教座聖堂（ピサ）の本堂と鐘楼。ピサには初期キリスト教時代の4世紀に司教区が創設されていて、この聖堂建設途中の1092年には大司教区に格上げとなった。大司教座聖堂の鐘楼は「ピサの斜塔」として広く知られる。

勢力に勝利を収めたときにシチリアの古代遺跡から戦利品として入手したものだといわれている。もともとこの聖堂は遠征の勝利を記念するものとして建設が始まったのであり、ブスケートの設計・施工により着工、ライナルドが後を継いで事業を続行し、一一一八年、教皇ゲラシウス二世の手で献堂式が行われた。

　ピサ大司教座聖堂の建設にかかわった著名な人物としてジョヴァンニ・ピサーノ（一二五〇～一三一五頃）がいる。シエナ司教座聖堂建設の責任者としてよく知られており、そのファサードの美しさはイタリアの聖堂建築のなかでも随一のものである。ピサの仕事と時期が重なったので二つの都市を頻繁に行き来しなければならなかったという。ピサでは本堂内部に安置された説教壇がとりわけすばらしい。

●都市と「大聖堂」

　中世後期になると西ヨーロッパの社会・経済が上向きとなり、都市活動がさかんになってきた。そして、都市の栄光を示すものとして「大聖堂」の建築に力が入れられることとなった。多くの場合、都市の大小にかかわらず都市内で最大の建築が「大聖堂」であり、遠くから都市を望んだときにランドマークとなるような存在感を放っていたのである。

　そのため、「大聖堂」の建設には多くの年月を要した。しかも、これを一都市レヴェルの経済力で行うので、場合によっては数百年を要することもあった（国レヴェルで大規模建造物を建立する場合はまた別の話で、クフ王のピラミッドが一〇～二〇年で完成したといわれていることを想起されたい）。

　だが、都市の自治権力と教会権力は、元来、相容《あいい》れるものとはいいがたかった。それゆえに都市の自治権の中心である市庁舎およびその広場と、「大聖堂」およびその広場は、都市内で微妙な距離感を保って存在していた。

　なお、ここで「大聖堂」といっているのは前述のとおり都市の中心的な教会堂のことである。一司教区内に複数の都市がある場合は当然ながらすべての「大聖堂」が司教座を有する司教座聖堂＝カテドラルではありえない。それゆえ、ベルギーのモンス（サント・ウォードリュ参事会聖堂）やルーヴェン（シント・ピーター参事会聖堂）の「大聖堂」のように参事会聖堂だったり、ニュルンベルクの二棟の「大聖堂」のように小教区教会堂だったりしたわけである。

サン・ドゥニ修道院付属教会堂（パリ郊外）の周歩廊と放射状祭室。

CHAPTER

第4章

古代・中世・ルネサンスの教会建築

ゴシックの光

サン・ドゥニ修道院長の新たなコンセプト

●フランス王権の興隆

カロルス大帝のカロリング朝フランク王国は孫の代に三分割されて継承された。その中央部分と帝位を嫡男《ちゃくなん》のロタール一世が受け継いだが、子のロタール二世も夭逝《ようせい》して「ロタリンギア」（ロタールの国）とよばれる中央帝国は消滅した。低地地方諸領（現在の北フランス、ベルギー、オランダなどにあたる）、ロレーヌ（ロタリンギアがフランス語化した地名）などの内陸諸領、北イタリア諸領がその故地にあたる。

残った東フランク、西フランクもそれぞれ九一一年、九八七年にカロリング朝が断絶して選挙王制に移行した。東フランクでは九六二年にオットー一世がのちに「神聖ローマ皇帝」と称されるようになる帝冠を教皇から授けられ、皇位のもとにまとまるかに思われたが、フリードリヒ二世（一一九四～一二五〇）以降、イタリア政策にのめりこみすぎて大空位時代（一二五四～七三）を招来し、大小の領邦からなる群雄《ぐんゆう》割拠《かっきょ》の状態となった。一八七一年にオーストリアを除いた形でドイツ帝国が成立するまで、この東フランクの故地が統一された勢力となることはなかったのである。

一方、九八七年に西フランクの王位を継承したパリ伯ユーグ・カペは、かつてカロリング朝の一族に代わって西フランク王を出したこともあり、ヴァイキング撃退にも功のあった武門の名家出身とはいえ、当時はパリとオルレアンの周辺を領有するだけの中領主にすぎず、大諸侯の勢力均衡の上に乗っかっているにすぎなかった。

だが、彼を始祖とするカペ朝は一四世紀初頭まで長子相続を絶やすことなくつつがなく継承していって、その間、一二世紀までは少しずつ、それ以降は目に見えて大々的に王の直轄領《ちょっかつりょう》を広げていった。とりわけ、ついにフランス最大の領主となり名実ともにフランス王といえる存在となったフィリップ二世とその孫ルイ九世は最も偉大なカペ朝の王といわれている。

●スゲリウスの光あふれる聖堂計画とそのための工夫

　ゴシック建築が誕生したのはフィリップ二世の父ルイ七世（一一二〇頃～八〇）の治世である。その先代のルイ六世の時代から王の側近として活躍したのがサン・ドゥニ修道院長スゲリウス（シュジェール）（一〇八一頃～一一五一）であり、ルイ七世が第二次十字軍に参加して主だった諸侯が本国に不在のとき、王の代理として王国を宰領《さいりょう》した重要人物だった。サン・ドゥニ修道院も歴代フランス王の墓がある王家にとって非常に重要な修道院だ。

　この修道院の付属教会堂はロマネスク建築として建設が進んでいたが、スゲリウスはロマネスクの暗い堂内空間ではなく、もっと光あふれる空間、つまり神の光、神の恩寵《おんちょう》に充ち満ちた空間の創造を指向した。その目的を達成すべく石工たちは工夫を重ね、結果として後世「ゴシック」とよばれるようになる建築を創造したのである。

　光あふれる空間を作り上げるには壁体《へきたい》をロマネスク建築よりも薄く、かつ、もっと大きな開口部を取る必要があった。そのために用いられたのがポインテッド・アーチとフライング・バットレスという工夫である。ロマネスク建築の壁体が厚く建造されたのは石造ヴォールトの自重もさることながら横へ開こうとする力＝推力（スラスト）が大きくかかるからでもある。二本の円弧を組み合わせたポインテッド・アーチは同じ重さなら半円形アーチよりも鉛直方向に長くなり推力が小さくなるので構造上有利だった。

　そして、ロマネスク建築よりも薄い壁

ユーグ・カペ。即位後まもなく息子のロベールを共同王とした（ロベール2世）。ユーグ・カペを始祖とするカペ朝はその後、王の直轄領を広げていった。

瘰癧《るいれき》儀礼を行うルイ9世。「王が触れ、神が直す」と称されるこの儀礼は彼以降、頻繁になされるようになった。最も偉大なカペ朝の王と称される。

体を横から支える工夫がフライング・バットレスである。だが、壁体を横から支えるもっと単純な方法としてはバットレスという手法があり、これは幅の小さな壁体を、支えられるべき壁体に対して直角に配置するというものである。この方法は単廊式の小規模な教会堂で用いられることはあったが、三廊式や五廊式の教会堂ではこの方法は使えなかった。なぜならば、身廊壁体にこの方法を用いようとすると側廊の空間がふさがってしまうからである。

そこで、側廊の外側に重厚な構造体を築き、その上部から斜め上の身廊壁体に向けてアーチを架けることで身廊壁体上部にかかる石造ヴォールトの推力に対抗しようという工夫がなされた。この斜めに架けられたアーチの部分のことをフライング・バットレスというのである。

以上の工夫によりロマネスク聖堂建築よりも薄い壁体に大きな開口部を取ることが可能となった。その大きな開口に聖書の物語を描いたステインド・グラスが設けられ、豊かな色彩の光に満ちた聖堂

サン・ドゥニ修道院付属教会堂の構造。フライング・バットレスが身廊の壁体上部を支えている。

空間が出現した。ポインテッド・アーチとフライング・バットレスという構造上の工夫に加えて、構造的な力の流れを視覚的に表現する「リブ」とよばれる部材が施されたリブ・ヴォールトを備えた聖堂建築を、後世、「ゴシック」とよぶようになった。とりわけ、ポインテッド・アーチが最大のデザイン上の特徴であり、世俗建築にもさかんに用いられ、それらも「ゴシック建築」の範疇《はんちゅう》でとらえられている。

このようなゴシック建築は一二世紀中にイル＝ドゥ＝フランス地方を中心としてフランス北部や低地地方にまたたく間に広まっていった。初期の作例として最も著名なのはパリのノートル・ダム司教座聖堂だろう。これらフランス北部の大規模教会建築については五八頁のコラムで紹介したい。

また、フランス王ルイ九世が、シテ島の王宮内に建設したサント・シャペル礼拝堂は、『旧約聖書』の「創世記」の物語が描かれた美しいステインド・グラスに覆われており、小規模ながら宝石箱の中に入ったかのようと賞賛される傑作である。これは、第四次十字軍でビザンツ帝国に勝利した騎士たちが建国したラテン帝国の借財を肩代わりして獲得したキリストの荊《けい》

パリのノートル・ダム司教座聖堂の正面ファサード。パリには早くも3世紀に司教区が創設されたと伝わる。1622年には大司教区に昇格となり、現在にいたる。

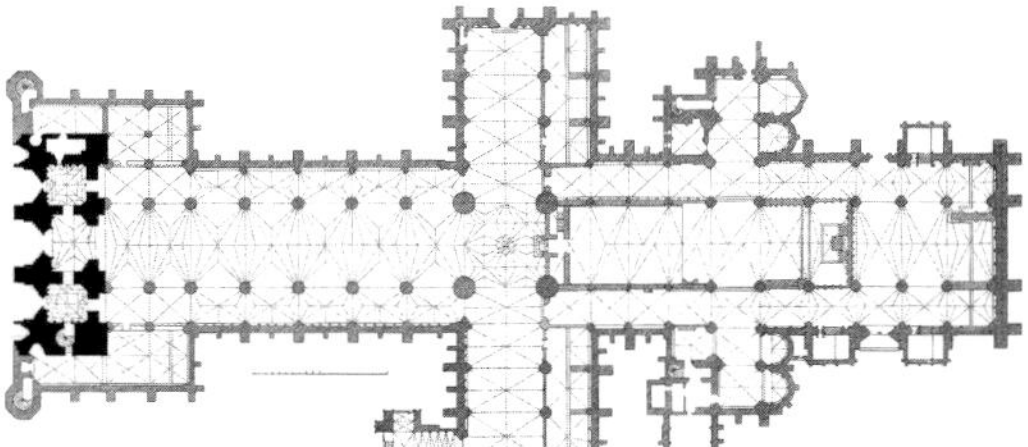

リンカーン主教座聖堂平面図。イングランドのゴシック建築では放射状祭室平面ではないものも多い。

冠《かん》を収めるため建立された。上下二層に分かれていて、一階は臣下用、二階は王族用となっていた。単廊式であるためフライング・バットレスではなくバットレスによって身廊壁体を支えている。

●ゴシック建築の伝播

「ゴシック」とは「ゴート人の」という意味で、たとえばイタリアなどからみれば「野蛮人の」というくらいの意味合いであり、後世、ゴシック建築の蔑称《べっしょう》として用いられた言葉である。では、当時は

パリ・シテ島の王宮付属サント・シャペル礼拝堂の外観。

パリ・シテ島の王宮付属サント・シャペル礼拝堂の内部。

サン・ミシェル参事会聖堂（ブリュッセル）の正面ファサード。ブリュッセルは広大なカンブレ司教区に属し、その助祭長の座がある六都市の一つだった。1559年に低地地方で司教区の再編が行われたときは新たに設立されたメヘレン大司教区に編入された。当時すでに低地地方の中心都市だったが、大司教座は置かれなかった。1961年にメヘレン大司教区はメヘレン・ブリュッセル大司教区となり、この聖堂もメヘレンのシント・ロンバウツ大司教座聖堂と並ぶ大司教座聖堂へと昇格している。パリのノートル・ダム司教座聖堂のような双塔式の正面だが、塔に施されたバットレスの造形は「ブラバン・ゴシック」といわれるこの地のゴシックの特徴である。

どうよばれていたかというと単に「フランスの建築」だったという。やがて、ゴシック建築はヨーロッパ中に広まっていった。

イングランドのカンタベリー大司教座聖堂、ソールズベリ司教座聖堂、イーリ司教座聖堂、低地地方ではブリュッセルのサン・ミシェル参事会聖堂、トゥルネ司教座聖堂、アントウェルペン司教座聖堂、ドイツ諸国ではケルン大司教座聖堂、ウルム小教区教会堂、ヴィーンのシュテファンスドム、そして、遠くはプラハの聖ヴィート大司教座聖堂など、フランスのゴシック建築の大

ノートル・ダム・デュ・サブロン教会堂（ブリュッセル）の内陣。

トゥルネ司教座聖堂の身廊と側廊を隔てる柱。ロマネスクとゴシックの間の過渡的な形態を示す。四隅に「アン・デリ」とよばれる添え柱がみられるのが特徴。

トゥルネ司教座聖堂の側面。身廊、側廊、交差廊がロマネスク、内陣、周歩廊、放射状祭室がゴシック。エスコー（オランダ語ではスヘルデ）川が貫く司教座都市トゥルネは低地地方最古の都市の一つであり、初期キリスト教時代の6世紀に司教区が創設されたと伝わる。

ザンクト・ペーター大司教座聖堂（ケルン）のステインド・グラス。ケルンは古代ローマの植民都市コロニア・アグリッピネンシス以来の古い都市であり、早くも2世紀には司教区が創設されたと伝わる。8世紀に大司教区に格上げされている。大司教座聖堂には12世紀に東方三博士の聖遺物が祭られるようになったが、その後焼失し、現在の聖堂は13世紀半ばに着工した。

オンゼリーフェフラウウェカテドラール(アントウェルペン)。スヘルデ(フランス語ではエスコー）川の河口に位置する港町アントウェルペンは広大なカンブレ司教区に属し、その助祭長の座が設けられていた。1559年の低地地方における司教区再編でカンブレ司教区の一部とリエージュ司教区の一部をもってアントウェルペン司教区が新たに創設された。したがって、この聖母マリアに捧げられた聖堂は建設当初は小教区教会堂であり、建設途中の1559年に司教座聖堂となった。1801年に廃止されてメヘレン大司教区に編入されたものの、1961年に再創設されている。

シュテファンスドム（ヴィーン）。ヴィーンは古代ローマの植民都市ウィンドボーナに由来する古い都市だが、パッサウ司教区の一都市であり、司教座はなかった。1469年に分立してヴィーン司教区が創設され、1722年に大司教区に昇格した。正面ファサードには最初の聖堂に由来するロマネスクのファサードが中央にそのまま組み込まれている。身廊と側廊に大屋根がまとめてかかっており、ドイツ語圏のゴシックの特徴であるハレンキルヒェ（ホール・チャーチ）に近い内部空間を持つ。

ミラノ大司教座聖堂のファサード。1世紀に司教区が設立され、4世紀には大司教区に昇格。現在の聖堂は精妙なディテールなどフランス風だが、工期が長期にわたり、ファサードにはルネサンス以降のものも多くみられる。

ザンクト・ゼーバルドゥス小教区教会堂の背面外観。正面ファサードと身廊上部はロマネスクだが、交差廊より後ろの部分はドイツのゴシックに特徴的なハレンキルヒェという形式になっている。

ザンクト・ゼーバルドゥス小教区教会堂（ニュルンベルク）の内陣と周歩廊。

セビーリャ大司教座聖堂。セビーリャには3世紀に司教区が創設され、4世紀には大司教区に昇格となったという。この聖堂はイスラム教のモスクを転用したところもあり、鐘楼表面にはイスラムの紋様が施されている。この鐘楼から聖堂をみると石造ヴォールトの上に屋根が架けられておらず、ヴォールトの裏をみることができる。

きな影響の下に建設された大規模聖堂は枚挙《まいきょ》にいとまがない。

そうはいっても地域ごとの特徴もある。とりわけ、ドイツのゴシックの「ハレンキルヒェ」（ホール・チャーチ）といわれる形式は、身廊と側廊を一つの大屋根で覆うものであり、身廊と側廊のヴォールトの高さがほとんど変わらず、フランスの放射状祭室による複雑なシルエットとは異なる外観を描き出す。

一方、イスラム教勢力と直接対峙《たいじ》していたイベリア半島や良質な大理石を産するイタリア半島ではアルプスの北側とは異なる独自のゴシック建築が花開いた。イスラム教建築とゴシック建築、場合によってはその後のルネサンス建築が融合したイベリア半島の建築のことを「ムデハル建築」という。また、セビーリャ大司教座聖堂やコルドバのメスキータのようにイスラム教のモスクを教会堂に転用したものも多かった。

イタリア半島ではロマネスク時代に引き続き色大理石をふんだんに用いた色彩豊かな聖堂建築がさかんに建造された。シエナ司教座聖堂（一二二〇頃〜六四）はロマネスクとゴシックが同時にみられる外観・内装ともきらびやかな傑作として知られる。鐘楼やジョヴァンニ・ピサーノによる西側正面ファサード（一二八四〜九九頃）はゴシックの色は強くないが、身廊上部の高窓はポインテッド・アーチであり、ゴシック的要素もみられる。

また、未完に終わった一四世紀の拡張事業（一三四〇）の部分は半円形アーチを主体とした「プレ・ルネサンス」ともいえるデザインとなっている。シエナは丘上

フィレンツェ司教座聖堂・鐘楼。フィレンツェ司教区は1世紀に創建と伝わっており、1419年に大司教区に昇格した。

シエナ司教座聖堂の正面。シエナ司教区は初期キリスト教時代の4世紀に創建と伝わる。1459年には大司教区に昇格した。

都市であり司教座聖堂の周りも拡張の余地は少なかったので、拡張計画にあたっては正面を西側から南側に変更し、従来の身廊・側廊と内陣を交差廊に転換するという抜本的な平面構成の変更をともなっていた。だが、戦費や疫病によりこの計画は頓挫《とんざ》し、建設途上の姿で今にいたっている。

　この拡張事業に刺激を与えたといわれているのが、フィレンツェ司教座聖堂新築事業である。一二九六年にアルノルフォ・ディ・カンビオがサンタ・レパラータ聖堂の跡地に設計・施工を開始したゴシック建築であり、コンスタンティヌポリスのハギア・ソフィア大聖堂を超える大規模聖堂の実現をめざした計画だった。着工の際に司教座聖堂の名称はサンタ・マリア・デル・フィオーレ（花の聖母マリア）と改められた。

　現在の色大理石を組み合わせた西側正面ファサードは一八七五年から八七年にかけてネオ・ゴシック様式で新設計されたものだが、西側正面の洗礼堂や本堂ファサード南側のジョットーの鐘楼とデザインがよく調和している。一方で内装は地味であり、よくいえばおおらか、悪くいえば大味な内部空間となっている。

COLUMN

教会堂とオルガン

◆バロック時代から存在感

一般的な教会堂のイメージとして、教会堂にはオルガンがつきものだというのがあるかと思う。だが、オルガンが教会堂のなかで無視できない存在感を放つようになるのはバロック時代からだろう。この時代以降、オルガンは身廊《しんろう》の入口直上に配置されるようになった。ただし、玉座を置くためにこの定位置を避けて内陣の奥にオルガンを設置したヴェルサイユ城館付属礼拝堂のような例外もある。

ヴェルサイユ城館付属礼拝堂。

サン・ジェルヴェ教会堂（パリ）。

サン・バルテミー参事会聖堂（リエージュ）。

◆「フーガ」等の対位法を駆使

もちろん、中世からオルガンは存在したのだが、一棟の建築物ともいってよいほどの複雑な姿をみせるようになったのは一七世紀以降であり、とりわけ、ドイツ諸国ではアルプ・シュニットガー（一六四八～一七一九）やゴットフリート・ジルバーマン（一六八三～一七五三）のような著名なオルガン制作作家を輩出した。それにともなってディートリヒ・ブクステフーデ（一六三七～一七〇七）、ヨーハン・パッヘルベル（一六五三～一七〇六）、そして大バッハのような優れたオルガン奏者・作曲家が登場したのである。「フーガ」などの対位法を駆使した作品が多く書かれ、ルター派伝統のコラールの旋律をもとにした変奏曲もよく作られた。

フランスでもロベール・クリコ（一六四五～一七一九）のようなオルガン制作家がヴェルサイユ城館付属礼拝堂のオルガンなどで腕を振るい、フランソワ・クープラン（一六六八～一七三三）のような大家が登場した。パリのサン・ジェルヴェ教会堂のオルガン奏者として、世俗音楽の世界でも宮廷クラヴサン（チェンバロ）奏者として活躍し、「小教区のためのオルガン・ミサ曲」（一六九〇）のような作品を残している。

ところで、オルガンを設置する際に教会堂の音響条件はどの程度考慮されたのだろうか。少なくとも近世以前には科学的な音響学は未発達だったことは指摘しておかなければならない。ある教会堂や歌劇場の音響の評価が高かったとして、それは偶然によるところ大だったのである。したがって、音響学的な意味で教会堂や劇場などの空間が音楽のことを考慮して設計されたとはいいがたい。むしろ、音楽家のほうが空間の音響条件を考慮して作曲したと考えたほうがよさそうである。

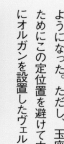

聖母マリア信仰とフランス北部の三大ゴシック聖堂

◆聖母マリア＝ノートル・ダム

フランスでは聖母マリアのことを「ノートル・ダム」という。この時代のフランスではとりわけ聖母信仰がさかんであり、各地にノートル・ダムの名を冠した聖堂が数多く建設されている。フランス北部の三大ゴシックとよばれるシャルトル、ランス、アミアンのカテドラルも聖母に捧げられた聖堂で、すべて「ノートル・ダム」という。以上の聖堂の中で最も早く着工したパリとシャルトルのカテドラルにはロマネスクの特徴も残存しており、初期ゴシックの力強さをうかがうことができる。

一二一〇年の大火後に着工し、一三一一年に完成したランス大司教座聖堂はフランス王家にとってパリ司教座聖堂以上に深い縁を持つ。四九六年以降にランス大司教聖レミによってフランク王クロヴィス（四六六頃〜五一一）が洗礼を受けたのはここであり、歴代フランス王の戴冠式《たいかんしき》や瘰癧《るいれき》触りの儀式が行われるしきたりが長く続いた。ロマネスクの特徴は消え、繊細な彫刻のようなディテールに覆い尽くされたゴシックの大伽藍《だいがらん》（仏教用語だが建築界ではル・コルビュジエの『伽藍が白かったとき』という邦題を踏まえた表現）である。

シャルトル司教座聖堂（1194年の大火の後に着工）。シャルトル司教区は3世紀に創建されたと伝えられている。1801〜22年には新設のヴェルサイユ司教区に編入されて消滅したこともあったが、復活して現在にいたっている。

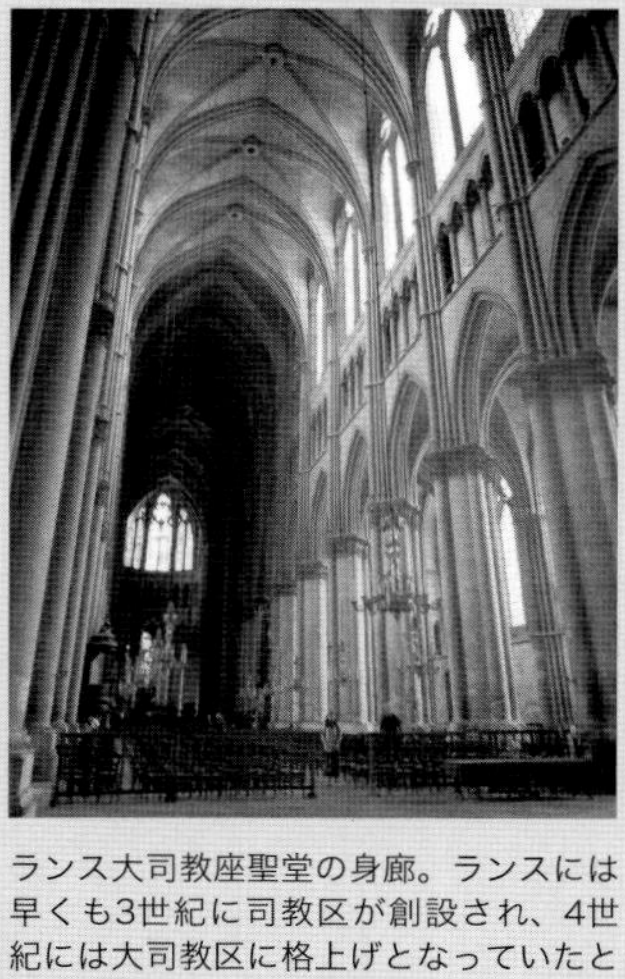

ランス大司教座聖堂の身廊。ランスには早くも3世紀に司教区が創設され、4世紀には大司教区に格上げとなっていたという。1801年に分割されてモー司教区とメス司教区に編入されていたが、1822年に復活している。

ランス大司教座聖堂の正面ファサード。

◆高さを競う

三大ゴシックのなかでは最も後に着工したアミアン司教座聖堂

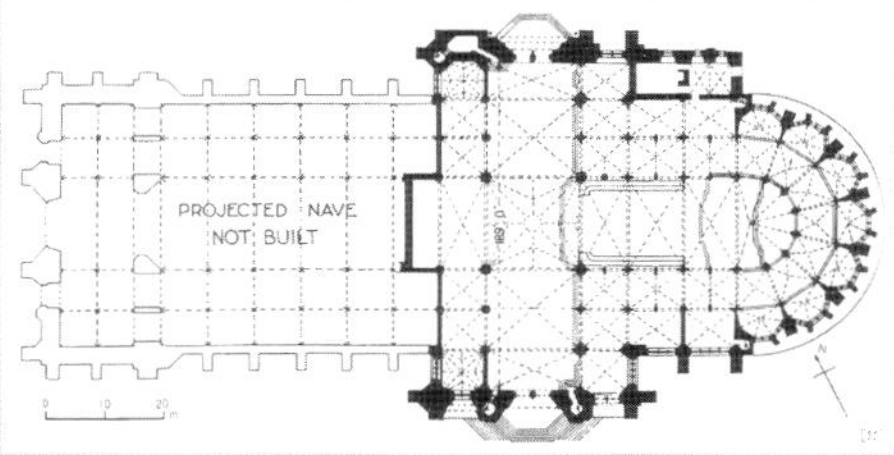

ボーヴェ司教座聖堂平面図。

（一二二〇着工）では身廊のヴォールトの高さが四二メートルに及んだ。シャルトルやパリでは三五メートル、ランスでは三八メートルとヴォールトの高さは徐々に高くなっていき、ボーヴェ司教座聖堂（一二四七〜七四、未完）では四八メートルに達している。だが、ボーヴェ司教座聖堂でバットレスが崩壊する事故があり、それ以降は高さ競争に歯止めがかかったようだ。

　なお、本コラムで「聖母信仰」という言葉を使ったが、正確には聖母は「神」ではないのでカトリックでは「崇敬」という用語を使う。原則として「聖母子」という形でしか聖母の表現をしない正教会（日本正教会では「生神女マリヤ」という）や、宗教改革から生じたプロテスタント諸派に比べると聖母の位置付けが重いカトリック教会においても聖母をどのように位置付けるか時代によってさまざまな論争があり、教義として確定されたのは比較的最近である。一八五四年に教皇ピウス九世によって「無原罪《むげんざい》の御宿《おんやど》り」、一九五〇年に教皇ピウス一二世によって「聖母被《ひ》昇天《しょうてん》」が教義として確立され、第二バチカン公会議（一九六二〜六五）では「教会の母」という称号が定められて今にいたっている。

ランス大司教座聖堂の背面外観。

アミアン司教座聖堂。アミアン司教区は3世紀以来のものと伝えられている。パリやランスのノートル・ダムと同様、双塔形式だが、北塔は14世紀、南塔は15世紀初頭に完成しており、建設年代の違いによって上部のデザインが異なっている。

最後の審判とゴシックの薔薇窓

◆「石の聖書」

ゴシック建築は彫刻やステインド・グラスを駆使して、聖書や聖人伝のさまざまなエピソードを表現しており、「石の聖書」ともいわれている。フランス北部のゴシック聖堂では、とりわけ、三箇所の薔薇《ばら》窓《まど》のステインド・グラスが重要である。薔薇窓とは正面ファサード中央、および、交差廊の端部中央にもうけられた円形のステインド・グラスのことで、これがフランス北部のゴシック建築の特徴の一つにもなっている。

シャルトルのノートル・ダム司教座聖堂では、北の交差廊端部の薔薇窓に聖母子を中心とした『旧約聖書』の預言者たちの図像、南の交差廊端部では、キリスト受難や使徒たちなどの『新約聖書』に由来する図像、そして、正面ファサードの薔薇窓では、『新約聖書』最後の章「ヨハネ黙示録」に描かれた最後の審判の図像が配された。すなわち、キリストの過去、現在、未来の表現である。また、薔薇窓直下の三連アーチ開口部のものは一二世紀後半の作品で、「美しきガラス絵の聖母」とよばれる。

ノートル・ダム司教座聖堂（パリ）の北交差廊の薔薇窓。

以上の配置はパリのノートル・ダム司教座聖堂にも影響を与えていて、正面ファサードの薔薇窓では審判を下すキリストの図像を中心に最後の審判の場面が描かれている。ただ、交差廊の南端の薔薇窓ではシャルトルの構図は崩れている。すなわち、南端には王座についたキリストを中心にして天使や聖人たちが描かれており、過去、未来、未来という崩れた構成となってしまった。

◆ポルタイユの図像

もっとも、最後の審判の主題に注目すれば内部と外部の関連付けは強化されているともいえる。正面ファサードの薔薇窓の直下にあるポルタイユ（大扉口）の上部には最後の審判を主題とするレリーフが配されているのである。王者たるキリストが中央に座し、その直下では天秤《てんびん》を掲げた天使が、この世の終わりによみがえった人々の魂の重さをその心臓と比べている。この結果が天国行きか地獄行きかを決するのである。ちなみに火刑によってこの世の終わりによみがえるべき身体を失った人々はこの裁きを受けることすらできない。火刑が恐れられた所以である。

なお、左右のポルタイユ上部の彫刻は聖母マリアの主題に捧げられている。正面に向かって右側は「サンタンヌのポルタイユ」とよばれ、聖母マリアの母である聖アンナの名がついているが、実際は聖母の生涯が描かれている。諸説あるが、最上部右側の王冠を戴《いただ》いた人物がルイ七世、左側の司教杖を携えた人物がパリ司教モーリス・ドゥ・シュリーだという。また、正面向かって左側は「ラ・ヴィエルジュのポルタイユ」とよばれ、「聖処女」すなわち聖母マリアの死と被昇天が描かれている。

ノートル・ダム司教座聖堂の「サンタンヌのポルタイユ」。

ノートル・ダム司教座聖堂の「最後の審判のポルタイユ」。

ノートル・ダム司教座聖堂の「聖処女のポルタイユ」。

トリプティック
（三連祭壇画）

◆祭壇画の発達

「イコン」とよばれる聖像が特徴的な正教会に対して西方では祭壇背後に配置する祭壇画が発達した。二つに折り畳む「ディプティック」とよばれる形式もあったが、中央の絵画と左右二翼の絵画からなる「トリプティック」（三連祭壇画）が主流となっていった。左右両翼は観音扉のように閉められると中央絵画と左右の絵画は見えなくなり、代わって観音扉の表側に描かれた絵画が姿を現す。

　このようなトリプティックのなかでも大作として知られているのが「ヘント祭壇画」（一四三二、ヘントのシント・バーフ教会堂［現司教座聖堂］）とよばれるフーベルト・ファン・エイク（一三六六頃〜一四二六）とヤン・ファン・エイク（一三九五前〜一四四一）の傑作である。『新約聖書』末尾の「ヨハネ黙示録」にもとづく「神秘の子羊」の主題を中央に配置し、キリストや聖母マリアなどの主題を描いた一二枚の絵画で構成されている。

アントウェルペンの各同業組合が聖堂内のさまざまな場所に自分たちの祭壇画（多くはトリプティック＝三連祭壇画）を設置した。ピーター・パウル・リュベンスの有名な「十字架から降ろされるキリスト」は火縄銃組合のもの。

◆『フランダースの犬』の主人公ネロ少年が見たかった絵

わが国ではアントウェルペン司教座聖堂内にあるピーター・パウル・リュベンス（一五七七〜一六四〇）の「キリスト昇架」（一六一一）と「キリスト

降架《こうか》」（一六一一～一四）も、『フランダースの犬』の主人公ネロ少年が見たがっていた絵として有名である。「キリスト降架」は、十字架から降ろされるキリストと嘆き悲しむ聖母マリア、マグダラのマリア、ヨハネを描いた中央主題の両脇に、聖母マリアのエリサベツ「訪問」と幼子キリストの「神殿奉献《しんでんほうけん》」が配されている伝統的なトリプティックである。

聖クリストフォロス（キリストを運ぶ者の意）を守護聖人とする火縄銃組合のコンフレリー（兄弟会）が注文した作品で、キリストを運ぶ者、すなわち、身ごもった聖母マリア、死せるキリストを抱え降ろすヨハネ、幼子キリストを抱えた神官が赤い衣をまとっているのが特徴である。観音開きの扉表の片方には幼子キリストを背負った聖クリストフォロスと隠者の図像がみえる。「キリスト昇架」の方は三枚の画面いっぱいにキリストが十字架にかけられて十字架が立てられつつあるところをバロック的なダイナミズムで描ききる革新的な構成である。

オンゼリーフェフラウウェカテドラール（アントウェルペン）の祭壇画群。

　トリプティックには同じ画面に同じ登場人物が描かれることもある。一枚の画面で時間の経過を表現しているのである。この場合はアルファベットの並ぶ順番と同じく左から順にみていくとわかりやすいが、例外も結構ある。また、車輪を携えた聖カタリナや塔の模型を手にした聖バルバラ、目玉を持った聖ウルスラなどの聖人が祭壇画の注文主たちと一緒によく描かれたものである。聖人は拷問《ごうもん》や殉教《じゅんきょう》にゆかりの体の部位や用具とともに描かれることが多い。

　イタリアでは矢を受けた聖セバスティアヌス（サン・セバスティアーノ）の図像が好まれた。矢は疫病《えきびょう》の表現であり、矢で射られたと伝えられる聖セバスティアヌスは疫病退散にかかわる聖人といわれて崇敬されていた。

| C | H | A | P | T | E | R |

第5章

完全性をめざしたルネサンスの教会建築

古代・中世・ルネサンスの教会建築

サンタ・マリア・デル・フィオーレ大司教座聖堂（フィレンツェ）のドーム外観。

●フィレンツェ大司教座聖堂のドーム架構

　フィレンツェ司教座聖堂の建設工事はジョットー・ディ・ボンドーネ（一二六六／六七～一三三七）、A・ピサーノらの手によって一四世紀を通じて多少の改変を加えながら着々と進んでいった。一三五七年にはフランチェスコ・タレンティによって拡張計画が策定され、身廊のヴォールト架構が始まった。そして一三六六年、内陣とその上に架構されるドームが計画されている。

　この聖堂建設最大の難問はこのドーム架構だった。当時のドーム架構はアーチ架構やヴォールト架構の延長線上に考えられており、木造仮枠を組み上げたあとにその上に石材などの建材を置いていって、組み上がった後に木造仮枠を撤去するという手順だった。アーチやヴォールトは組み上がったあとでなければ自立しないからである。

　ところがここで計画されたドームは八角形平面であり、幅が四二メートルもあった。それゆえ、長さ四二メートル以上の大木が複数本必要とされるように思われたのだが、当時のトスカーナ地方でそのような材木を確保することは不可能といってよかった。かくして、ドーム架構工事は先延ばしされていった。

そして、いよいよ一四一八年にはドーム以外の建設が完了した。ここにいたって司教座聖堂建設当局はドーム架構を可能にする構法を募るためにアイデア・コンペを催したのである。さまざまな、しかし使えなさそうな案が提出されたなかで、唯一、実現不可能ではなさそうな案があった。それでも当局者たちは実現可能性について懐疑的だったが、案出者がれんがを使った大規模模型で実現可能性を検証していると知って、当時四〇歳をすぎていたこの金銀細工師に任せてみる気になったようである。

この男フィリッポ・ブルネッレスキ（一三七七〜一四四六）は金銀細工師としても著名であり、フィレンツェ司教座聖堂付属のサン・ジョヴァンニ洗礼堂のブロンズ製大扉のコンペティションでもロレンツォ・ギベルティとともに優勝するといった実績があった。同時優勝を潔しとせず、この仕事からは降りてしまったが、ドー

サンタ・マリア・デル・フィオーレ大司教座聖堂のドーム内部。ドームに着工する直前に大司教座聖堂に昇格となっていた。ドームは外殻と内殻の二重構造であり、その間に螺旋階段が設けられてランタンに登ることができる。上部はれんが造となっていて構造体の重量軽減の試みがなされている。

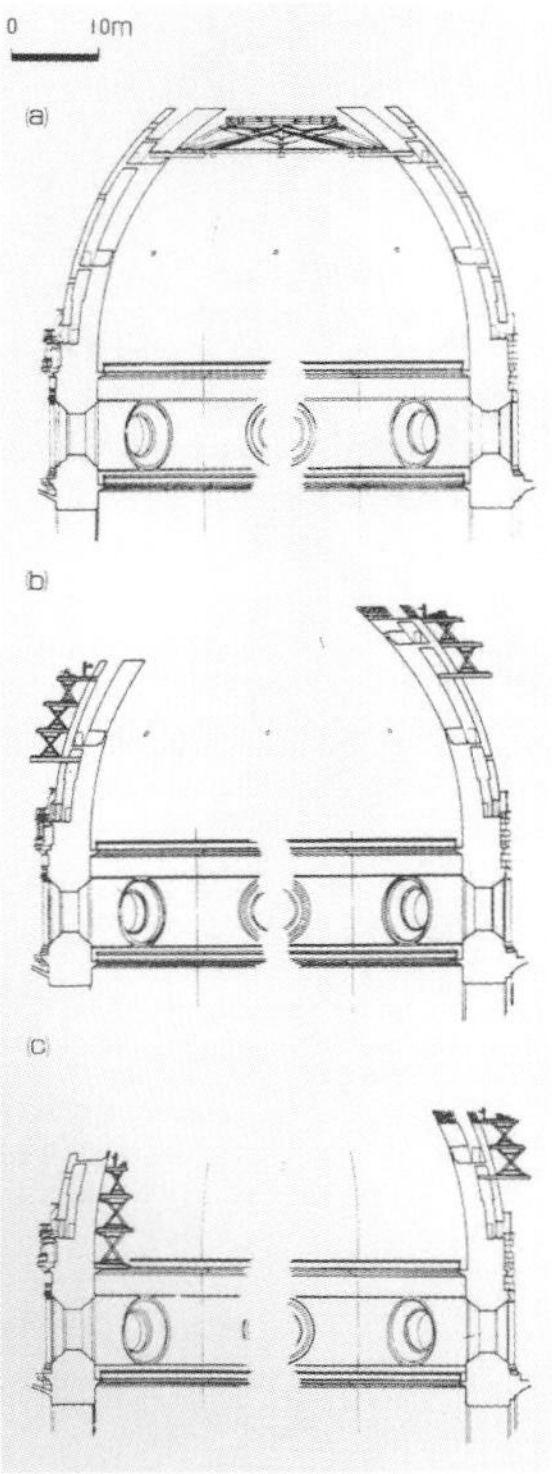

サンタ・マリア・デル・フィオーレ大司教座聖堂のドーム工事の想像進捗図。

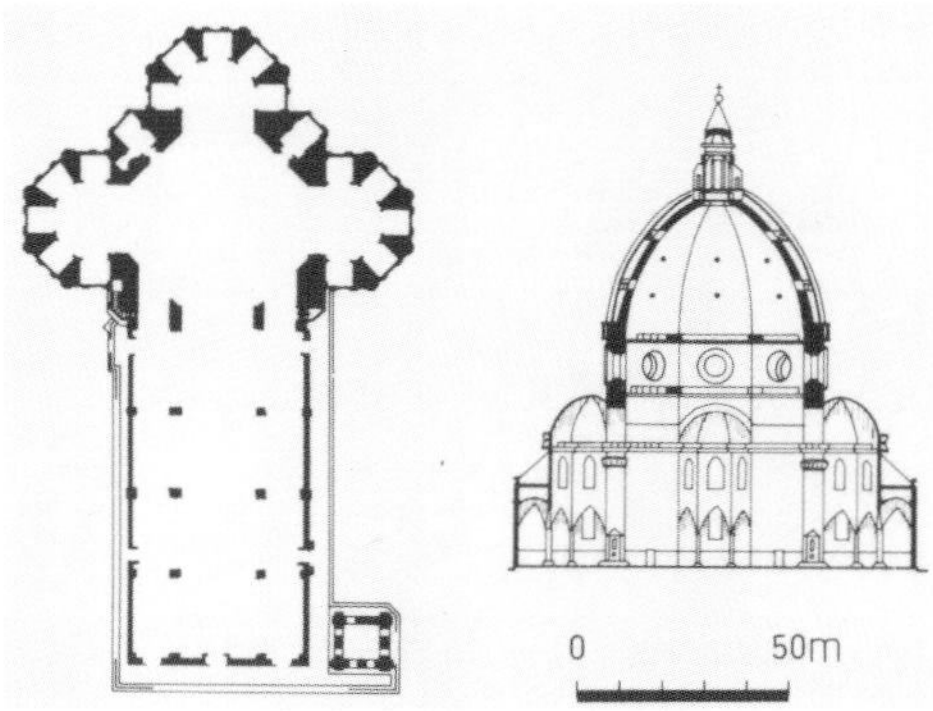

サンタ・マリア・デル・フィオーレ大司教座聖堂平面図・断面図。

ム架構のアイデア・コンペでは単独勝利を収め、その建設事業に一四二〇年から取りかかっていった。一四三六年にはランタン（頂塔）を除く部分が完成し、当時フィレンツェに亡命していたローマ教皇エウゲニウス四世の手で献堂式が挙行された。ギヨーム・デュファイのモテトゥス「ばらの花が先ごろ」はこの機会のために作曲され奏されたという。

　このドームを架構するにあたってブルネッレスキは誰もがあっと驚くような新発明をしたわけではない。自身でさまざまな建設機械の工夫をしたというが、それらは技術的には中世の建設術の延長線上にあるといってよいだろう。彼がなしたのは「発想の転換」あるいは「固定観念の打破」である。すなわち、アーチ、およびそれが三次元的に展開したヴォールトと、ドームの間に決定的な違いを見出したということである。その違いとは何か。アーチやヴォールトは最後まで組み上がらないと自立しないが、ドームはそうではないのである。

　別の言葉で説明する。半円形ドームをアーチが三六〇度回転したものと考えるなら、それが完成するまで建材を支える木造仮枠が必要と考えるしかないが、リングをその直径を少しずつ縮めながら水平に重ねたものととらえるなら別の解が導かれるだろうということである。これなら水平のリング自体が水平面に展開するアーチのような機能を果たし、建設途上でもそれ自体で自立するだろう。ブルネッレスキの考えはおよそこのようなものだった。

●ルネサンスの始まりとブルネッレスキ

以上の発想の転換は古代ローマ建築とりわけローマのパンテオンの観察からもたらされたという。それゆえ、このドーム架構こそが建築におけるルネサンスの始まりと目されている。「ルネサンス」とは「再生」を意味するフランス語であり、建築においては古代ギリシア・ローマ建築の再生を意味する。といっても過去の建築を単にコピーするというのではない。古代建築から着想を得てゴシック建築とは異なる新しい建築を創造しようというのである。

　とはいえ、ドーム架構を可能にするための着想の源泉が古代ローマ建築だったとしてもデザイン自体は一四世紀に計画された紛れもないゴシック建築である。デザイン面でもルネサンス建築といえる建築はやはりブルネッレスキの手で実現された。ドーム架構事業の指導者として名声を得たブルネッレスキは、以後、建築家としての道を歩んでいたのである。ルネサンス建築のデザイン上の最大の特徴は古代神殿建築の円柱の様式を復活させたことだろう。なかでも古代ローマ人が好んだコリント式はブルネッレスキの作品でもよく用いられた。

パンテオン（ローマ）のドーム。

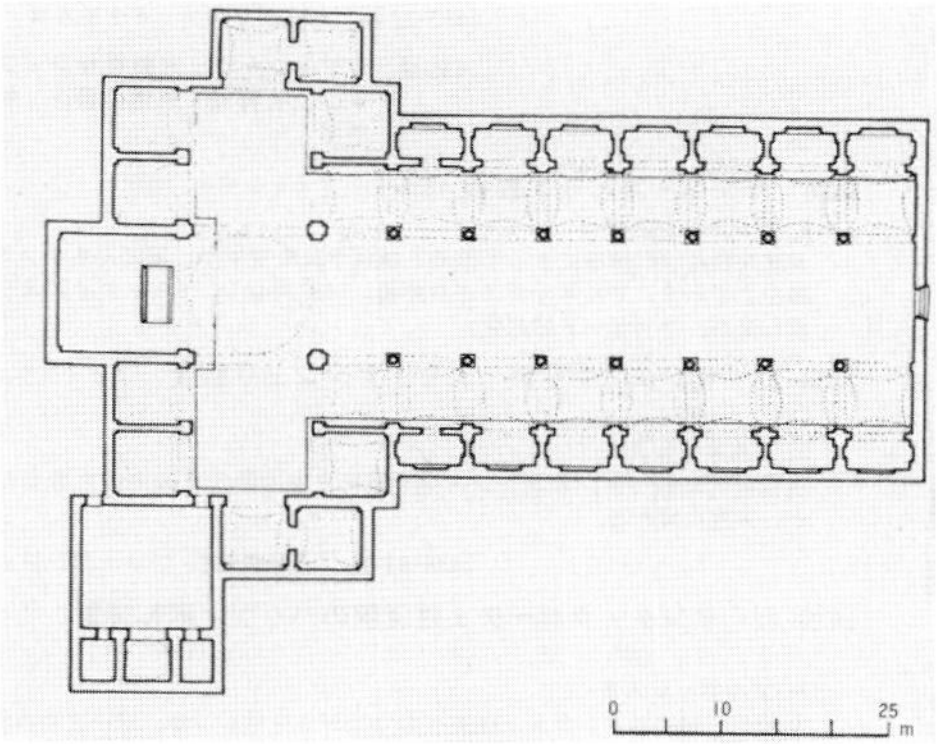

サン・ロレンツォ教会堂（フィレンツェ）平面図。

パッツィ家礼拝堂（フィレンツェ）のファサード。

教会建築の分野ではパッツィ家礼拝堂（一四二九〜）、サン・ロレンツォ教会堂（本堂および旧聖具室）（一四一九〜）、サント・スピリト教会堂（一四三四〜）のような前期ルネサンスの傑作を残した。これらの教会建築に共通する特徴としてペンデンティヴ・ドームが用いられていることがあげられる。古代末期にビザンツ帝国で発展したこの構法が西ヨーロッパで一般化したのは実にこのときである。一四五三年のビザンツ帝国滅亡前夜からオスマン帝国の圧迫を受けてイタリア半島に亡命した帝国人たちが多かったこともその背景としてあげられるだろう。

以上の作品のなかでもサン・ロレンツォ（メディチ家の教会堂で、当主ロレンツォ・イル・マニフィコと同名の聖ラウレンティヌスに捧げられた）とサント・スピリト（「聖霊」の意）

パッツィ家礼拝堂のドーム。ペンデンティヴ・ドームの形式が採用されている。ペンデンティヴの部分には四福音史家の象徴を描いた浮彫が施されている。

はルネサンスの理想の一つが結実した教会堂だといえる。側廊幅と身廊幅、交差廊・内陣の幅と奥行きなどが単純な整数比例となっており、結果として正方形という簡潔な幾何学図形を構成単位とした整然たる空間が現出した。

サン・ロレンツォ教会堂の身廊。

●アルベルティの建築理論と教会建築

ブルネッレスキと並ぶ前期ルネサンスの巨匠レオン・バッティスタ・アルベルティ（一四〇四〜七二）は職人上がりのブルネッレスキとは異なり、フィレンツェの都市貴族の一員としてさまざまな古典教育を受けた人物だった。古典ギリシア語やラテン語にも精通し、『絵画論』、『彫刻論』などいろいろな分野についての著作があるなかで、質量ともに最も充実しているのが『建築論』（DE RE AEDIFICATORIA）である。古代ローマの建築家ウィトルウィウスの『建築十書』（DE ARCHITECTURA LIBRI DECEM）の影響を受け一〇章構成となっているが、構成自体はウィトルウィウスとは異なる考え方によっている。とりわけ、建築とは①敷地や地域を調査した上で、②そこに床面を設定し、③それを分割して平面を定め、④平面に則って壁体を建造して、⑤覆い（屋根）を架け、⑥最後に開口部（戸口や窓）を開けるものだという彼のとらえ方は西洋建築のあり方を喝破《かっぱ》した見事な理論化と評価してよいだろう。

また、彼は建築を分類するにあたり、ウィトルウィウスにしたがって公共建築と私的住宅に二分し、公共建築は公共宗教建築と公共世俗建築に分類している（ウィトルウィウスは軍事建築、宗教建築、民生建築に分類）。教会建築は公共宗教建築ということになる。第七書では公共宗教建築の装飾について取り上げており、古代神殿建築の円柱の様式、すなわち、ドリス式、イオニア式、コリント式に加え、イオニア式とコリント式を複合させた「イタリア式」に言及している。これは後世、「コンポジット式」とよばれるようになる。

ルネサンスの建築家たちは教会建築に古代神殿建築の円柱の様式を適用するにあたってウィトルウィウスの「定則のデコル」の考え方を援用した。定則のデ

サント・スピリト教会堂（フィレンツェ）のドーム。ここでもペンデンティヴ・ドームが採用されている。ブルネッレスキのペンデンティヴ・ドームはペンデンティヴの上に直接、半球形ドームが載る形態が多いが、ここではペンデンティヴとドームの間に薄い円筒形のドラムが挿入されている。この部分が高くなると典型的なルネサンス建築のドームとなる。

テンピオ・マラテスティアーノ（リミニ）。リミニ領主シジスモンド・パンドルフォ・マラテスタ（1417〜68）とその3番目の妻イゾッタ・デリ・アッティの墓所とするために、ゴシックの教会堂の外側に大理石のファサードが建設された。コリント式を元にしたオーダーを備える正面ファサードと古代ローマの水道橋を彷彿とさせる側面ファサードからなる。ゴシック建築の開口部の位置とルネサンス建築のアーチ開口部のずれがおもしろい。1809年に3世紀以来の歴史あるリミニ司教区の司教座聖堂となった。

サンタ・マリア・ノヴェッラ教会堂（フィレンツェ）。アルベルティが手がけたのはファサードのみである。

ルとは円柱の性質とそれが適用される神殿の祭神の性格を合わせようという考え方で、教会堂の場合は円柱の様式の性質と聖堂が捧げられた聖人の性格を合わせようということになる。

　アルベルティは実作においても優れた作品を残している。教会建築としてはリミニのテンピオ・マラテスティアーノ（旧サン・フランチェスコ教会堂の正面と側面に大理石のファサードを建造）、マントヴァのサンタンドレア教会堂、フィレンツェのサンタ・マリア・ノヴェッラ教会堂の正面ファサードといった作例がある。前二者は古代ローマ建築の建築語彙から着想を得ながらも自由に構成した作品である。後者は伝統的な色大理石によって構築されながら、とくに第二層でルネサンスらしい整数比例を用いた構成がみられる。

サンタ・マリア・デッレ・グラーツィエ教会堂（ミラノ）。前方の身廊と側廊は既存のゴシックの建築物で、内陣その他をブラマンテが手がけた。

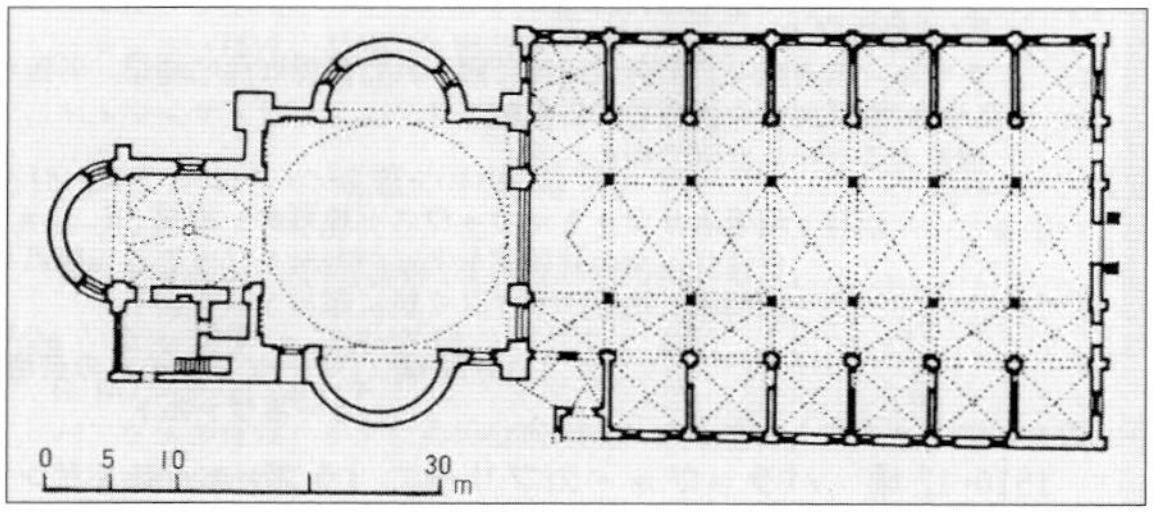

サンタ・マリア・デッレ・グラーツィエ教会堂平面図。

●ブラマンテによる中期ルネサンスの教会建築

　ルネサンス建築はフィレンツェだけではなくイタリア各地に広まっていた。ミラノでもイル・フィラレーテ（一四〇〇～六九）の活躍があり、また、ウルビーノ付近出身といわれるドナト・ブラマンテ（一四四四～一五一四）の初期作品が建設された。レオナルド・ダ・ヴィンチの「最後の晩餐」がある修道院の付属聖堂サンタ・マリア・デッレ・グラーツィエ（一説には一四九二～九七）やサンタ・マリア・プレッソ・サン・サティロ教会堂（一四七六～八二）がそれである。前者が正方形や半円形といった単純な幾何学図形に則った端正なルネサンスらしい作品であるのに対して、後者ではブラマンテの遊び心がみられる。

　教会堂に入って正面をみるとラテン十字形平面の教会堂が展開しているように

サンタ・マリア・プレッソ・サン・サティロ教会堂の「アプス」。入口からみるとラテン十字形平面にみえるが、近寄るとだまし絵のような浮彫になっていることがわかる。

サンタ・マリア・プレッソ・サン・サティロ教会堂（ミラノ）の身廊。

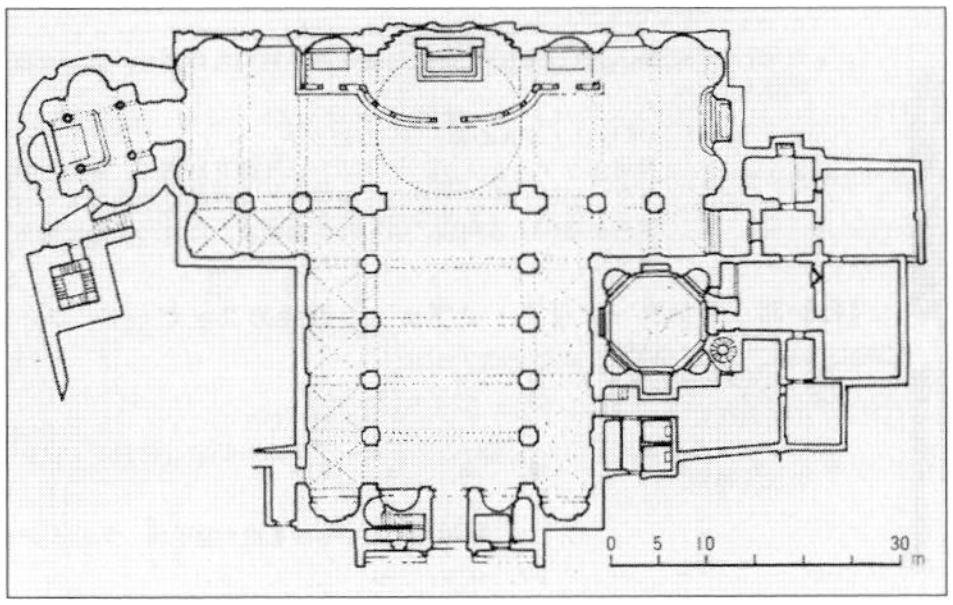

サンタ・マリア・プレッソ・サン・サティロ教会堂平面図。

みえるのだが、じつは敷地形状の問題で内陣のために十分な余地がとれず、だまし絵のような浮彫による仮想の内陣となっているのである。透視図法の名手ブラマンテなればこそ可能だった空間の遊びといえる。

一四九九年、ミラノがフランス軍の侵攻にさらされるとブラマンテはローマへ赴き教皇庁に仕えるようになった。一五〇二年に使徒ペテロ殉教の地と伝わるサン・ピエトロ・イン・モントリオ教会堂の中庭に「テンピエット」（小神殿）という円形平面の記念聖堂を建立している。これはウェスタ神殿など古代ローマの円形神殿から着想を得たものだが、古代ローマ風ドリス式円柱の立ち並ぶ列柱の層の上にドラムとドームが載っていて、この部分はブラマンテの独創といえる。

後世、パラーディオが『建築四書』で名だたる古代ローマ建築のなかに唯一の「現代建築」として掲載し、古代建築に並ぶ傑作として賞賛した。ただ、この作品は立地する敷地や周囲の建築物との関連性がきわめて希薄で、完全無欠な絶対性を持つ幾何学図形「円」の完結性、求心性、排他性が際立つ作品でもある。このような設計が許されたのは「使徒ペテ

テンピエットのドリス式オーダー。

テンピエット（ローマ）の外観。

ロ殉教の地」の上に立つ記念聖堂としてきわめて強力な宗教的根拠を持って建立されたからである。

　ブラマンテの集中式平面への関心はミラノ時代に知り合ったレオナルド・ダ・ヴィンチ（一四五二～一五一九）の影響だという。同じ頃、一五〇三年に教皇ユリウス二世（一四四三～一五一三）によってサン・ピエトロ使徒座聖堂新築事業の責任者に任じられた。この計画のコンセプトはマクセンティウス帝のバシリカのような古代ローマの大規模建築物の上にパンテオンのような巨大なドームを載せるというもので、規模の面で古代ローマを超えようという野心に満ちたものだった。だが、彼の計画案のままでは構造的に実現不可能であり、一〇年ほどあとにブラマンテが没したこともあって後継者たちに混乱がもたらされることになった。

●ミケランジェロによる サン・ピエトロ使徒座聖堂案

　この混乱に終止符を打ったのがミケランジェロ・ブオナローティ（一四七五～一五六四）である。彫刻家・画家として美術史に巨大な足跡を残した彼は建築家としても時代の先を行く感覚を持ち合わせており、「マニエリスム」ともよばれる後期ルネサンスの代表的な建築家でもある。

一五四六年に使徒座聖堂新築事業の責任者を引き受けた彼はブラマンテのコンセプトに立ち戻る。当時すでに高齢だったミケランジェロは存命中に完成をみることはないことを自覚していたという。

彼が行ったのはブラマンテの計画案を元にして壁体の厚みを大幅に増強し、平面図四隅の細々とした要素も思い切って整理したことである。できあがった案はブラマンテのものよりも小規模になったが、中央にパンテオンに匹敵するドームを頂いた巨大な構築物というブラマンテのコンセプトは実現することになった。そして、このミケランジェロ案は集中式平面として構想されていた。

ミケランジェロの使徒座聖堂正面ファサードはコリント式の巨大な円柱が立ち並び、その上に古代神殿の三角破風（ペディメントという）を頂いたもので、つまりは古代神殿の正面そのものだった。第9章で述べるその後の増築でこのファサードは銅版画でしかみられなくなった。

ミケランジェロによるサン・ピエトロ使徒座聖堂のドーム外観。

ミケランジェロによるサン・ピエトロ使徒座聖堂のドーム見上げ。

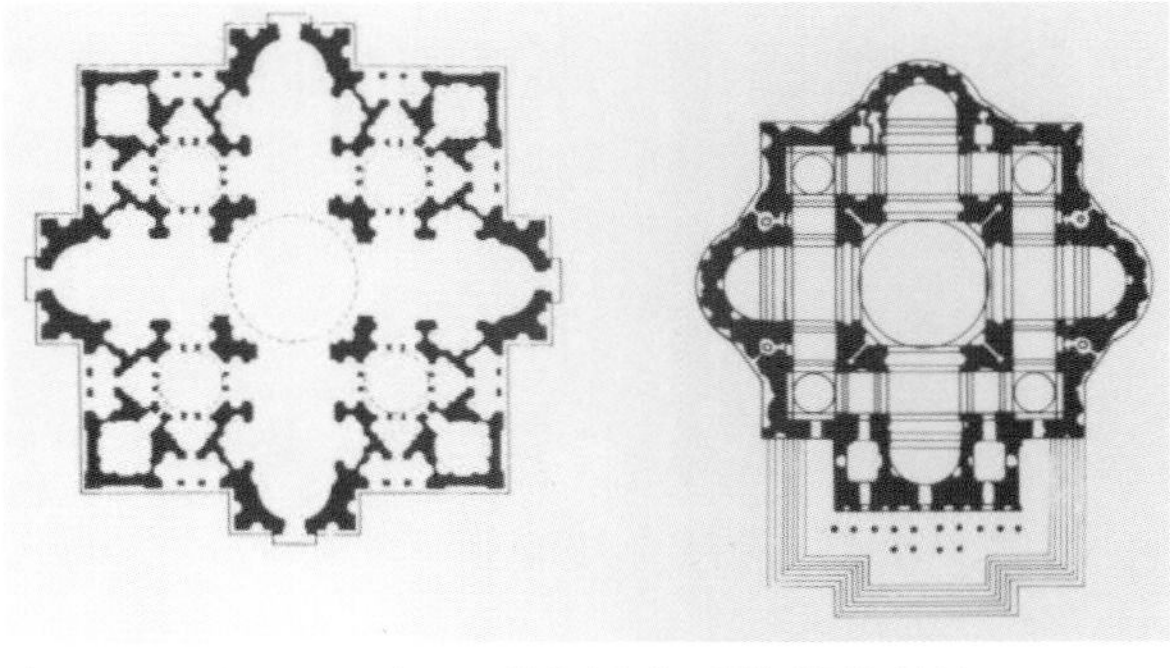

ブラマンテによるサン・ピエトロ使徒座聖堂の新築計画案（左）とミケランジェロによる計画案（右）。前者は集中式平面と仮定した場合の復元平面図だが、近年はバシリカ式平面だったという説が有力。

サントゥスターシュ小教区教会堂（パリ）の側面。

シャルル8世。ナポリ王国の継承権を求めて、イタリア遠征を敢行した。

C H A P T E R

第6章

ゴシックとルネサンスの融合と衝突

古代・中世・ルネサンスの教会建築

●ルネサンス建築のフランスへの導入

一四九四年、時のフランス王シャルル八世（一四七〇〜九八）は一万八〇〇〇の軍勢を率いてイタリア遠征を敢行した。数十門の火砲を運用することでまたたく間にイタリア諸都市を席巻《せつけん》していき、当時のイタリア半島の人々を恐怖の渦へと巻き込んでいった。この出来事を契機として「稜堡式《りようほしき》築城」という新たな築城術が生まれていったが、攻めていったフランス側でもイタリアの新たなルネサンス建築の息吹に触れ、帰国後にさまざまな建築上の試みを行っていった。

当初はゴシック建築の伝統色濃い地であるゆえにゴシック建築に少しずつルネサンスの要素が入り込んでいくような形であり、ブロワ城館ルイ一二世棟・フランソワ一世棟やシャンボール城館（一五一九〜五〇頃）のような初期フランス・ルネサンスの城館建築群が建造されていった。一五四〇年代からイタリアの建築家・芸術家を招きフォンテーヌブロー城館のフランソワ一世（一四九四〜一五四七）のギャラリーなどのようなイタリアのマニエリスム建築が導入されるようになり、さらにフランス人建築家第一世代の手によってルーヴル宮殿レスコ棟やフランソワ一

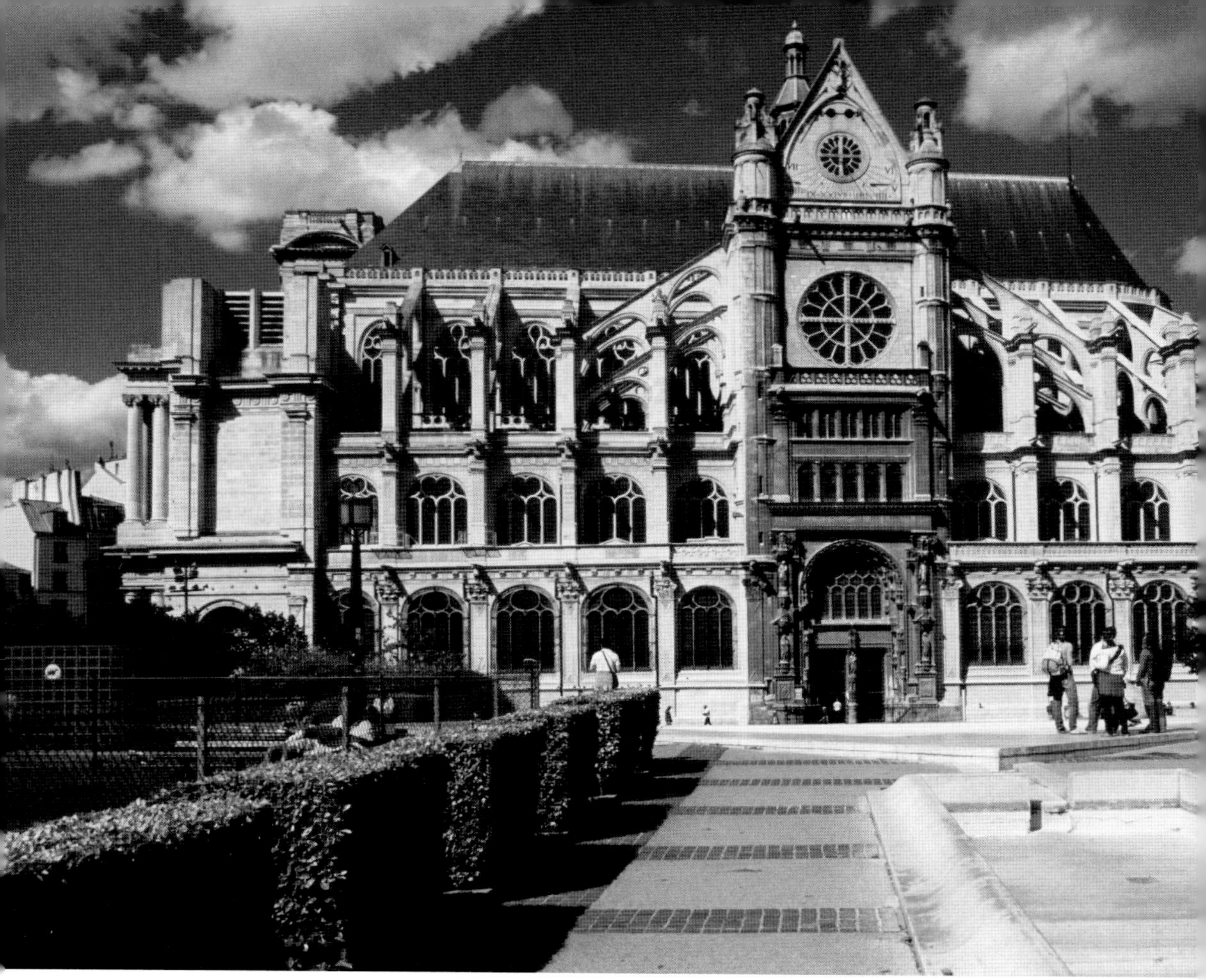

世王廟、エクーアン城館の一部のような繊細な独自のフランス・ルネサンス建築が誕生した。

●パリのサントゥスターシュ小教区聖堂

一方、教会建築の世界では一七世紀初めまでゴシック建築が優勢だった。そのようななかで教会建築にルネサンス建築の要素を導入しようとした初期の例としてパリのサントゥスターシュ小教区教会堂があげられる。もともとは一二一三年に建立された小さな礼拝堂であり、

サントゥスターシュ小教区教会堂の側面第1層のコリント式オーダーの柱頭。

サントゥスターシュ小教区教会堂の身廊ヴォールト。パリの中心レ・アール公園の北辺に面して建つ。太陽王とよばれたルイ14世（1638〜1715）の親政期前半を支えた重臣ジャン・バティスト・コルベール（1619〜83）の墓所がある。

一五三二年八月一九日に小教区教会堂として建設が始まった。献堂式は一六三七年四月二六日に当時のパリ大司教ジャン・フランソワ・ドゥ・ゴンディによって挙行された。

その平面はパリのノートル・ダム司教座聖堂の影響を受けて典型的なゴシックの放射状祭室平面となっており、デザイン全体としてもフライング・バットレスが身廊壁体を支え、ピアーからリブ・ヴォールトのリブへと流れていく下から上への動きが顕著であるなどゴシック的傾向が明白である。しかし、細部をよくみると古代神殿の円柱の様式のディテールが用いられていることがわかる。

たとえば、側廊外壁は二層構成になっていてそれぞれの層にピラスターが配されている。このピラスターの柱頭はそれ

サン・ジェルヴェ・エ・サン・プロテ教会堂（パリ）の正面ファサード。

クラクフ司教座聖堂。

サン・ジェルヴェ・エ・サン・プロテ教会堂の後陣の外観。フランス音楽の代表的作曲家の一人であるフランソワ・クープランがオルガン奏者をしていたことでも有名。

ぞれ第一層がコリント式、第二層がドリス式となっているのである。もちろん、ピラスター自体のプロポーションは古典のそれをまったく踏襲していないし、コリント式→ドリス式という順番も古代建築やルネサンス建築ではありえない。

コロッセウムにみられるようにドリス式→イオニア式→コリント式という風に太い順に下から積み重ねるのが古代のやり方である。しかし、このゴシックの全体デザインのなかに古代建築のディテールを融合させる方向性は内部では外部よりもうまくいっている。古代建築のコリント式の柱頭がゴシックのピアーのなかにさりげなく融合しているのである。

●パリのサン・ジェルヴェ・エ・サン・プロテ教会堂

一方、世俗建築の世界では脱ゴシックが進行してルーヴル宮殿などではフランス独自のルネサンス建築が花開いていた。イタリアでもフランスでも世俗のルネサンス建築は三階建ての建築を三階建てにみえるように設計する。各階に古代神殿に由来する柱と梁・桁のデザイン、すなわち、「オーダー」を施すのである。アルベルティが喝破《かつぱ》したように、西洋建築は基本的に壁の建築なので、これらのオーダーは「柱と横架材」ではなく「柱と横架材のようにみえる装飾」なのだが、ルネサンスの人々はオーダーが古代神殿の構造材由来ということを尊重したかったのだろう。

だが、端から端まで同じ間隔、同じ立体感でオーダーを並べて平面的で均質なファサードを作るイタリアに対し、フランスでは中央と両端部を少し前に張り出し、この「パヴィリオン」とよばれ

ヴァヴェル城塞内のクラクフ司教座聖堂の外観。側面にルネサンス時代の祭室がくっついている。歴代ポーランド王が戴冠式を挙げた由緒ある教会堂。16世紀にルネサンス様式の要素がさまざまに加えられたが、正面からはあまりうかがえない。

る部分にデザインの重点を置いていた。これは水平的なルネサンス建築に鉛直の要素を融合するものであり、一説によると中世城塞の城塔に由来するものだという。ピエール・レスコやフィリベール・ドゥ・ロルムはパヴィリオンに複数のオーダーが積み重なったデザインを多用し、同時代のジャン・ビュランから一七世紀前半のフランソワ・マンサールまでフランス・ルネサンスの建築家たちも彼らに倣った。

そして、パリ市庁舎の裏手にあるサン・ジェルヴェ・エ・サン・プロテ教会堂のファサードにこの形式が適用されたのである。この教会堂本体はもともとゴシック建築として建設され、したがって側面と背面、そして内部は完全にゴシック建築である。そこにサロモン・ドゥ・ブロス（一五七一～一六二六）が設計したというルネサンスの正面ファサードが加えられた（一六二一頃）。城館のパヴィリオンのような中央部が三層構成で脇が二層構成になっており、下からドリス式、イオニア式、コリント式と由緒正しい順番でオーダーが積層している。これがフランスにおいて教会堂に初めて本格的なルネサンスが導入された作例だという。

C H A P T E R

第7章

宗教改革とカトリック改革以後の教会建築

プロテスタント諸派の教会建築

マルティン・ルター。

教皇レオ10世。

●マルティン・ルターの宗教改革

ブラマンテやその後継者たちの手によって新たなサン・ピエトロ使徒座聖堂の建設が進んでいた頃、国家としての教皇領はヨーロッパのなかでは中堅程度の規模にすぎなかった。世界最大の教会堂建設の母体となりうるほどの大国とはいえなかったのである。そのため、教皇庁は南ドイツ・アウクスブルクのフッガー家をはじめとしてさまざまなところから借金をしていた。そこで教皇レオ一〇世（一四七五〜一五二一）は贖宥状《しょくゆうじょう》（いわゆる免罪符）を発行するという手段に出た。これを契機として一五一七年、ヴィッテンベルクの聖職者マルティン・ルター（一四八三〜一五四六）が教皇に対して九五箇条の論題を突きつけた。いわゆる「宗教改革」の始まりであり、それを遂行する人々を「プロテスタント」（抗議者の意）という。

むろん、教皇庁はルターを破門したが、

サン・バルテルミーの虐殺。

ザクセン公がテューリンゲン地方のアイゼナハ郊外にあるヴァルトブルク城塞にかくまった（一五二一～二二）。ルターはここで『新約聖書』ギリシア語版のドイツ語訳を行ったという。ルターは世俗化したカトリック教会の聖職者たちの奢侈《しゃし》を厳しく批判し、また、教会堂に信徒が集まって行う「ミサ」よりも個人個人の聖書にもとづく信仰こそが重要と説いた。そのためには一部の人しか読めない、カトリックが聖典としたラテン語訳聖書（「ウルガータ訳」とよばれる）ではなく、各々が自身の言葉で聖書を読むことが肝要だったのである。

彼の流れをくむプロテスタント教会をルター派といい、現在、わが国では「ルーテル教会」といっている。彼の運動に端を発して神聖ローマ帝国内ではカトリック派の諸侯とプロテスタント派の諸侯が争う宗教戦争が勃発した。

ツヴィングリ、カルヴァンと改革派教会

一六世紀後半にはフランスにも波及し、一五七二年にはサン・バルテルミーの虐殺事件のような悲劇もあった。これはフランス王アンリ二世と王妃カトリーヌ・ドゥ・メディシスの娘マルグリットがプロテスタント諸侯の中心人物ナヴァール（ナバラ）王・ブルボン公アンリ（のちのフランス王アンリ四世、一五五三～一六一〇）と結婚する際、カトリック派がパリに参集してきたプロテスタント派を一掃しようとして引き起こした策動だった。

ドイツ諸国と異なり、フランスのプロテスタントはピカルディ地方ノワイヨン出身でジュネーヴにおいて神権政治を敷いたジャン・カルヴァン（一五〇九～六四）の流れをくむものだった。これを「カルヴァン派」、あるいはフルドリヒ・ツヴィングリ（一四八四～一五三一）の流れと融合した後は「改革派」といい、現在、改革

ジャン・カルヴァン。

ヘンリー8世。王はローマ・カトリック教会と絶縁し、イングランド固有の「国教会」を打ち立て、その頂点に立った。

派教会、改革長老教会、長老派教会などとよばれる諸派に連なっている。改革派教会の流れはフランスやスイスのみならずオランダや英国の宗教改革にも大きな影響を与えた。英国ではその流れをくむ人々を「清教徒」（ピューリタン）ともいう。もともとイングランドではヘンリー八世の主導で脱カトリックを進めて「国教会」を設立していたが、清教徒たちは王主体のこの動きにも反対した。

●プロテスタント諸派の教会建築

ルター派も改革派も教会の奢侈を批判していたのでカトリック教会ほど教会堂建築に力を入れたとはいえない。時代はかなり飛んで一八世紀前半にテューリンゲン地方やザクセン地方で活躍した音楽家ヨーハン・ゼバスティアン・バッハ（一六八五〜一七五〇）は熱心なルター派信徒でもあり、ライプツィヒのトーマスキルヒエ（簡素な中規模ゴシック建築）などバッハゆかりの教会堂は今でも各地に残っているが、いずれも建築作品としては当時一級のものとはいいがたい。

それでもルター派では教会堂のなかで奏される音楽にはカトリックに劣らぬほど力を入れており、バッハが活躍する余

トーマスキルヒェ（ライプツィヒ）。現在の教会堂は1496年に献堂されたゴシック建築。1723年からヨーハン・ゼバスティアン・バッハがこの教会堂の音楽監督であるトーマスカントルに就任したことでも有名。キルヒェはドイツ語で教会堂の意。

フラウエンキルヒェ（ドレスデン）。1945年2月13日から15日にかけて行われたドレスデン空襲によってほぼ完全に破壊された。可能な限り当初の石材を使って1993年から2005年にかけて再建された。

地が十分にあったわけだが、使用できる歌手や奏者は限られていた。また、改革派にいたっては教会堂における音楽についても否定的であり、この点ではルター派よりも厳しいといってよかった。

そのようななか、ザクセン選帝侯国の首都ドレスデンのフラウエンキルヒェ（聖母教会堂）はカトリックの聖堂建築に勝るとも劣らない華やかな建築遺産である。現地の建築家ゲオルク・ベーアの設計でルター派の教区聖堂として建設された（一七二六〜四三）。

じつは一六九七年以来、時のザクセン選帝侯フリードリヒ・アウグスト一世はルター派からカトリックに改宗していた。ポーランド王になるためである。ドイツ諸国のなかで伝統的に「宗教改革の守護者」だったザクセン選帝侯がカトリックに改宗したことは驚きをもって迎えられ、ポーランド王アウグスト二世となった。次の代に華麗なるカトリーシェ・ホーフキルヒェ（カトリック宮廷教会堂）がイタリア人建築家の手で建造されたのだが、地元の建築家とルター派市民たちによるフラウエンキルヒェはその大向こうを張る事業だったのである。

カトリーシェ・ホーフキルヒェ（ドレスデン）。イタリア人建築家ガエターノ・キアヴェーリの手で1739〜55年に建設された。1921年に創建されたマイセン司教区が1979年11月15日にドレスデン・マイセン司教区に名称変更を行ったあとの1980年にこの司教区の司教座聖堂となり、「聖三位一体」に捧げられた。

ハイリヒガイストキルヒェ（聖霊教会堂）（ハイデルベルク）。ハイデルベルクの小教区教会堂。現在のハレンキルヒェによる後期ゴシックの聖堂は1398年から建設された。鐘楼が竣工したのは1544年のことである。ライン宮中伯の名高いパラティーナ図書館があったが、宗教改革に対する宮中伯の方針の揺らぎによりハイデルベルクの町は宗教戦争によって荒廃し、図書館の蔵書のほとんどはバチカンに持っていかれて現在もそこにある。教会堂自体もカトリックとプロテスタント両派によって使用され争いも起きたので、1706年に仕切り壁が設けられ、身廊側をプロテスタント、内陣側をカトリックが用いた。仕切りが取り去られたのはようやく1936年になってのことであり、カトリックの礼拝は市内のイエズス会の教会堂（1712〜）で行われることとなった。

プロテスタントの教会音楽と舞台の上の宗教音楽

◆比較的音楽を重視したルター派

プロテスタント諸派はカトリック教会ほど教会堂において挙行されるミサの重要性を認めておらず、それゆえか教会建築に力を入れているとはいいがたい。また、改革派教会では建築だけでなく典礼における音楽の使用に対するストイックさもみられる。だが、同じプロテスタントでもルター派は音楽を比較的重視した。ルター自身も讃美歌の制作を手がけており、信徒自らが歌えるように歌詞をドイツ語とし、単純な旋律が用いられた。これらの讃美歌を「コラール」という。

一六世紀末にはハインリヒ・シュッツ（一五八五〜一六七二）のような優れた作曲家が登場してルター派の教会音楽はカトリック教会の教会音楽に勝るとも劣らないものとなっていった。「ムジカーリッシェ・エクゼクヴィエン」、「白鳥の歌」などの傑作がある。シュッツのちょうど一〇〇年後に生まれたバッハも熱心なルター派信徒であり、『新約聖書』冒頭「マタイ福音書」のキリスト受難（十字架にかけられること）の記事を元に自由歌詞やコラールを組み合わせた大作「マタイ受難曲」BWV244のような傑作を残している。また、ライプツィヒのトーマスカントルに就任した一七二三年には毎週一曲の「カンタータ」を作曲してパート譜を作成し演奏までこぎつけていた。カンタータは自由詩による合唱、レチタティーヴォ、アリアとコラールを組み合わせた教会音楽で、第八〇番「われらが神は堅き砦」、第一四〇番「目覚めよとよばわる物見らの声」、第一四七番「心と口と行いと生き様」がとりわけよく知られている。

◆ヘンデルの「オラトリオ」

一方、バッハと同じ年に生まれたジョージ・フレデリック・ヘンデル（一六八五〜一七五九）は一七一〇年代前半からイギリスを活動拠点としてオペラを中心にさまざまな作品を発表した。イギリス時代初期には「戴冠式アンセム」や「ユトレヒト・テ・デウム」のような国教会のための英語のアンセム（讃美歌）も作曲している。やがて、オペラ興業に限界を感じたヘンデルは「オラトリオ」とよばれる宗教曲へと活動の中心を移していくことになる。一七四二年にアイルランドのダブリンで上演された「メサイア」HWV56が代表作といわれるが、キリストの生涯を特定の登場人物を設けずに『旧約聖書』の言葉だけで紡いでいく手法をとる台本は彼のオラトリオのなかでは異色である。本来、イタリア・オペラにはない豊かな合唱を要所に配しながらも、筋を進める「レチタティーヴォ」と感情を歌い上げる「アリア」を交代させながら幾人かの登場人物たちによって展開していくオペラのような構成のものがヘンデルのオラトリオの主流だった。

「オラトリオ」とは、聖フィリッポ・

ネーリによって一五六四年に設立され、一五七五年にコンフレリー（兄弟会と訳される一般信徒による同人的な宗教団体）となったオラトリオ会の名にちなむ。初期のオラトリオはこのオラトリオ会の礼拝のためのもので、自由詩による宗教劇といえるものだった。エミリオ・デ・カヴァリエーリ（一五五〇頃〜一六〇二）の「魂と肉体の劇」（一六〇〇）が初期作品として著名で、ジャコモ・カリッシミ（一六〇五〜七四）のラテン語によるオラトリオ「イェフテ」は一七世紀ローマの教会音楽の白眉《はくび》であり、のちのオラトリオという音楽ジャンルに大きな影響を与えた。ヘンデルの作品群もそこに含まれるが、ヘンデルのオラトリオは舞台において興行される作品であり、教会堂の礼拝で演奏される「教会音楽」ではもはやない。フランツ・ヨーゼフ・ハイドン（一七三二〜一八〇九）の「天地創造」（一七九八）は、ヘンデルの「メサイア」の大きな影響を受けたハイドンの最高傑作の一つである。

ボルスワルドのシント・マルティニ教会堂と運河。オランダでは「テルプ」とよばれる小高い丘（微高地）の上に教会堂が建設されることが多かった。ゴシック時代のものだが、現在は改革派の教会堂。

イル・ジェズ教会堂（ローマ）のファサード。

C | H | A | P | T | E | R |

第8章

イエズス会の教会建築

宗教改革とカトリック改革以後の教会建築

イエズス会初代総長イグナチオ・デ・ロヨラはフランシスコ・ザビエルをわが国への宣教に派遣した。17世紀の彩色画。

●カトリック改革とイエズス会の創設

ルター、ツヴィングリ、カルヴァンらによる宗教改革の動きに対してカトリック教会がただ指をくわえてみていたわけではない。一五三四年、パリのモンマルトルの丘でイグナチオ・デ・ロヨラ（一四九一～一五五六）、フランシスコ・ザビエル（一五〇六～五二）らによってイエズス会が設立され、宗教改革の影響が及んでいた地域で「再宣教」活動を活発に行っていった。

イエズス会はヨーロッパの外にも目を向けており、いわゆる「新大陸」やアジア方面へも宣教の手を伸ばしていった。一五四九年、フランシスコ・ザビエルが鹿児島に到来してわが国にもキリスト教を宣教しようとしたことはよく知られている。

また、一五四五～六三年にかけてトレント公会議が断続的に行われ、教皇庁の行政改革や教義の再確認が行われ、カトリック教会の建て直しを行おうという気運が盛り上がっていった。これらの動きをかつては「反宗教改革」、「反動宗教改革」とよんでいたけれども、近年、カトリック側からの内在的な動きという側面もあることから「カトリック改革」とよぶようである。

●イル・ジェズ型ファサード

教会建築の世界でもイエズス会は大きく貢献している。教会堂の正面ファサードを古代神殿に由来するオーダーでいかにデザインするかというのがルネサンスの建築家たちの大きなテーマとなっていたが、イエズス会のローマにおける本部イル・ジェズ教会堂でその定型が確立されたのである。

そもそも教会堂は基本的に平屋建てで、この点については古代神殿と同様なのだけれども、バシリカ式教会堂の場合、身廊と側廊で高さが異なるという性質があって、これがオーダーの素直な適応を妨げていた。

トレント公会議によって規定されたあるべき教会堂の姿を実現したものだとい

サンタ・スザンナ教会堂（ローマ）のファサード。

テアティーナーキルヒェ（ミュンヒェン）のファサード。

ミヒャエルスキルヒェ（ミュンヒェン）のファサード。

うイル・ジェズ教会堂（一五六八〜）はナルテクスを持たず、側廊ではなく、身廊に向き合った連続する祭室群が身廊両脇を占めているのだが、この教会堂の設計者ジャコモ・バロッツィ・ダ・ヴィニョーラ（一五〇七〜七三）はそのファサードをまるで二階建ての建物であるかのようにデザインした。すなわち、祭室群がある両脇の部分を含んで第一層が設けられ、高くそびえる身廊部分のみに第二層が設定されたのである。教会堂は基本的に平屋だがそのファサードが二階建てにみえるように設計されたということは、各階ごとにオーダーを施すルネサンス建築の原則が崩れてきたことを意味する。建築史・美術史上はマニエリスムの時代に入っていた。

　以上のようなファサードをイル・ジェズ型といい、本格的に普及していったのは一七世紀のバロック建築の時代に入ってからだった。そもそもイル・ジェズ教会堂ファサードはヴィニョーラとジャコモ・デッラ・ポルタによるマニエリスムの建築で、この形式のファサードを「バロック化」した功績はカルロ・マデルノ（一五五六〜一六二九）に帰せられるだろう。ローマのサンタ・スザンナ教会堂ファサード（一五九七〜一六〇三）とサンタ・マリア・デッラ・ヴィットーリア教会堂（一六〇八〜一二）がそれである。

マデルノがこれらの教会堂で用いた手法は、コラムの間隔と立体感を端から端まで一定に保つというルネサンスの手法を廃して自由に設定し、中央にいくにつれてファサードを少しずつ前方に張り出していくというものだった。これらの手法によって中心にデザインの重点が置かれることになり、ファサードにルネサンスの均質性とは対照的な動きと立体性が付与されるのである。以後、この手法はイタリアのみならず、イエズス会の教会建築を中心にヨーロッパ各地へと広まっていく。バイエルン公ヴィルヘルム五世が主導して建てたミュンヒェンのイエズス会の教会堂ミヒャエルスキルヒェ、テアティーネ会修道院付属教会堂テアティーナーキルヒェ、アントウェルペンのイエズス会の教会堂シント・カロルス・ボロメウスケルク、ナミュールのイエズス会の教会堂サン・ルーなどが代表例であり、第6章で紹介したパリのサン・ジェルヴェ・エ・サン・プロテ教会堂もイル・ジェズ型の範疇に入るだろう。

シント・カロルス・ボロメウスケルク（アントウェルペン）。

サン・ルー教会堂（ナミュール）。

パリにはフランソワ・マンサール（一五九八～一六六六）とジャック・ルメルシエ（一五八五～一六五四）が設計したヴァル・ドゥ・グラース修道院付属教会堂のような見事なバロック的イル・ジェズ型ファサードを持つ教会堂もある。また、遠くアジアにもマカオのサン・パウロ天主堂跡のような作例がある。

●建築と絵画と彫刻が渾然一体となった宗教的情熱の世界

イエズス会の教会建築についてはもう一つ重要な特徴がある。それは天井画やヴォールト上に配された彫刻群が建築空

サントーバン司教座聖堂（ナミュール）。ナミュール司教区は1559年に低地地方の司教区再編が行われた際にリエージュ司教区から分立した。この司教座聖堂は18世紀中頃に建設されたバロック建築。

サン・パウロ天主堂跡（マカオ）。イエズス会がマカオの地を踏んだのはフランシスコ・ザビエルが付近の上川島で亡くなった3年後の1555年という。サン・パウロ天主堂、正確にはマードレ・デ・デウス教会堂（「神の母」すなわち聖母マリアのこと。サン・パウロは神学校の名前）は1602年に着工し、翌年に献堂されている。1835年に焼失してファサードのみが現存する。基本的にイル・ジェズ型ファサードといってよいが、彫刻の中には中国的な表現がみられるものもある。

間と渾然一体となって、カトリック改革によって新たになった宗教的情熱を表現していることである。だまし絵（トロンプ・ルイユ）の技法で空も描かれ仮想空間を上方に拡張しているものも多い。これは聖俗のバロック建築の内部空間の特徴でもあり、もともとバロック建築・美術はカトリック改革の精神が結実したものだという。そこで活用されるのが透視図法であり、とりわけ、イエズス会士アンド

サンティニャーツィオ教会堂（ローマ）の身廊天井画。

サンティニャーツィオ教会堂の天井画の一部。

サンティニャーツィオ教会堂のドーム。

レア・ポッツォ（一六四二～一七〇九）は自らが属する修道会のために大いに腕をふるった。ポッツォの代表作はローマのサンティニャーツィオ・ディ・ロヨラ教会堂の身廊天井画「サンティニャーツィオ（聖イグナチオ）讃」および交差部直上のドームのだまし絵だろう。身廊天井画は身廊中央に立ってみると天井画の消失点と実際の教会堂の消失点が一致して現実の空間と絵の中の空間が一体化してみえるようになっている。ただし、その点以外からみると両者の消失点は一致しないので妙な見え方になるだろう。

ヴェネツィア共和国の建築家パラーディオの教会建築

◆ヴェネツィアのパラーディオ

一七世紀以降、イル・ジェズ型ファサードはヨーロッパ各地に急激に伝播していったが、一方でもっと複雑なオーダーの操作を要求される手法がヴェネツィアとその周辺で時折みられるようになった。

そのデザインの元祖はアンドレア・パラーディオ（一五〇八～八〇）であり、ヴェネツィアにその形式によるファサードをもつ教会堂としてサン・ジョルジョ・マッジョーレ、イル・レデントーレ、サン・フランチェスコ・デッラ・ヴィーニャ（ファサードのみ）の三棟を手がけている。

◆パラーディオのデザイン

彼のデザインは、平屋は平屋にみえるようにデザインするというルネサンス建築の原則にしたがったものであり、しかし、そのためにマニエ

サン・ジョルジョ・マッジョーレ教会堂（ヴェネツィア）のファサード。

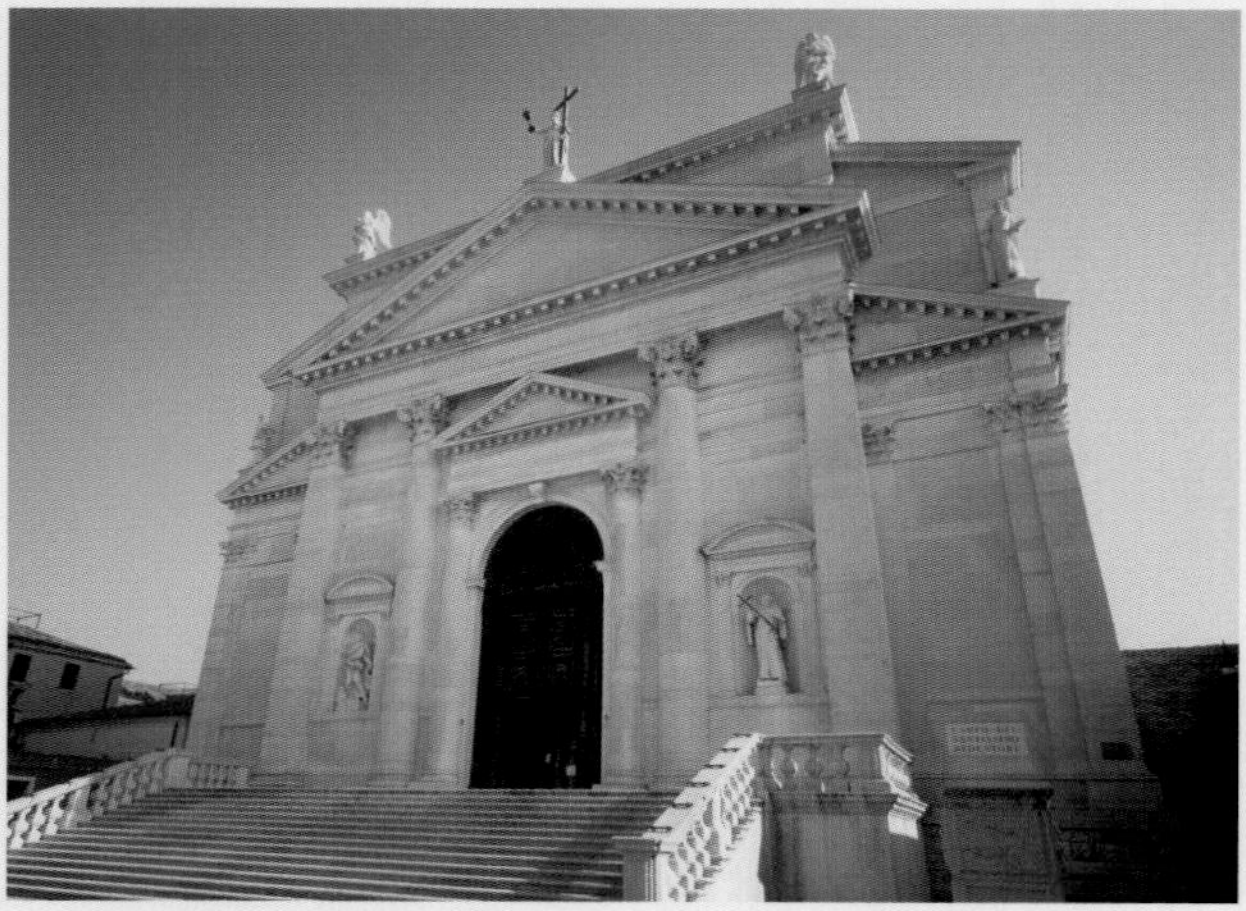

イル・レデントーレ教会堂のファサード。

リズム的な手法を駆使したデザインでもあった。したがって、以上の三棟のファサード・デザインは微妙に異なっている。たとえば、サン・ジョルジョ・マッジョーレでは身廊と側廊の高さの差を台座の有無で調整しているのに対し、イル・レデントーレとサン・フランチェスコ・デッラ・ヴィーニャでは異なるスケールのオーダーを用いることで解決している。だが、イル・レデントーレではオーダーの台座はないのに対して後者ではすべてが台座の上に載っているという具合である。

パラーディオのデザインのためにはオーダーの操作について深く精通していなければならず、ヴェネト地方以外にはあまりみられないが、ローマのアウグストゥス帝廟付近にはイル・ジェズ型ファサードとパラーディオの形式のファサードを持つ教会堂が二棟並んでいるところがあり、両者を一目で比較することができる。サン・ロッコ・アッラウグステオ教会堂とサン・ジローラモ・ディ・クロアーティ教会堂がそれだ。

イル・レデントーレ教会堂の内部。

サン・フランチェスコ・デッラ・ヴィーニャ教会堂のファサード。

C H A P T E R

第9章

宗教改革とカトリック改革以後の教会建築

教皇のバロック

ベルニーニとボッロミーニ

サン・ピエトロ使徒座聖堂の側廊。

●サン・ピエトロ使徒座聖堂の拡張事業

一五九〇年、教皇シクストゥス五世の晩年にミケランジェロのサン・ピエトロ使徒座聖堂はデッラ・ポルタの手で完成に導かれていた。だが、教皇パウルス五世はさらなる増築事業（一六〇八〜一五）をカルロ・マデルノに命じた。マデルノが手がけたのはミケランジェロの正面ファサードを廃して身廊と側廊を追加し（一六一四）、ギリシア十字形の集中式平面をラテン十字形のバシリカ式平面に変更したことだった。

　マデルノはそれに先立ち三層構成のナルテクスを追加してそのファサード（一六一二）も設計し建設した。以上の事業によりサン・ピエトロ使徒座聖堂は、全長二一一・五メートル、全幅一五六メートル、面積四万九七三七平方メートル、正面ファサードの幅一一五メートルのカトリック世界最大の教会堂となった。そして、一六二六年、時の教皇ウルバヌス八世（一五六六〜一六四四）の手により献堂式が行われている。

　集中式平面はルネサンスの理想とした教会堂の姿を実現したものだったし、使徒ペトロの墓所の上に立地して聖人を記念する聖堂としてもふさわしいものだったが、カトリック教会が重視するミサを挙行するという教会堂の機能面からはバシリカ式平面の方が適していたという。

　マデルノの増築によってミケランジェロのドームの存在感が低下するという欠点は生じたが、彼が設計した正面ファサ

サン・ピエトロ使徒座聖堂の正面ファサード。

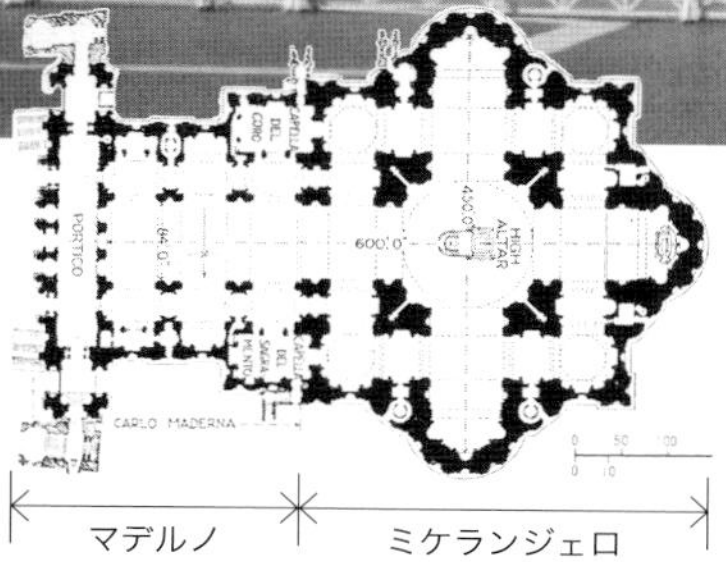

サン・ピエトロ使徒座聖堂平面図。

パウルス3世にサン・ピエトロ使徒座聖堂の模型を示すミケランジェロ。

ードはルネサンスのファサードとは異なるバロックらしいファサードといえる。そこには自身がサンタ・スザンナ教会堂で用いた、ファサードを立体的・動的にする手法がみられ、くわえて、ジャイアント・オーダーというオーダー技法が使用されている。

　複数層を単一の巨大なオーダーで貫くというジャイアント・オーダーの手法はミケランジェロが発案したといわれており、各層ごとにオーダーを施すというルネサンスの原則を破った手法ということで、現在ではマニエリスムの代表的な手法といわれるが当時はあまり用いられず、一般化したのはマデルノ以降のバロック時代に入ってからである。

●ベルニーニによる サン・ピエトロ広場の造営

マデルノが没した後にそのあとを襲ったのは弟子ジャン・ロレンツォ・ベルニーニ（一五九八〜一六八〇）だった。サン・ピエトロ使徒座聖堂ドームの直下、使徒ペテロの墓所の直上に建設された「バルダッキーノ」（天蓋《てんがい》の意）（一六二三〜三五）とよばれる主祭壇は若きベルニーニの情熱的な作品である。四隅のねじり柱のうねりが印象的である。それぞれの円柱の台座にはウルバヌス八世の紋章が彫られ、その出身家系であるバルベリーニ家の紋章の蜂三匹がみられる。また、天蓋下面中央には「聖霊」を表す白鳩が彫られている。

白鳩はアプスに設けられたオレンジ色のステインド・グラス中央にも描かれている。その周りには彫刻家としても著名なベルニーニによる情熱的な宗教彫刻が施されていて、その前には使徒座とその装飾群が配された。

さらに、ローマの押しも押されもせぬ巨匠となったベルニーニはサン・ピエトロ広場とその周りをめぐる列柱の造営にとりかかる（一六五六〜六七）。広場は台形と楕円形（正確には二種類の円弧を用いて楕円に近づけた図形）を組み合わせた鍵穴のよ

サン・ピエトロ使徒座聖堂ドーム直下の「バルダッキーノ」。

サン・ピエトロ使徒座聖堂最奥部のステインド・グラス、ベルニーニの彫刻と使徒座。

うな形をしていて、長径二〇〇メートル、短径一六五メートルの楕円形部分の中央にはオベリスクが建てられた。

オベリスクは古代エジプトの太陽神信仰に関係のあるという宗教的記念碑で、古代ローマ時代に戦利品としてローマへ持ち込まれ、その後、忘れ去られていたが、

サン・ピエトロ使徒座聖堂前のサン・ピエトロ広場。

バロック時代の新たな都市計画において広場の核となる重要な記念碑として再び脚光を浴びていたのである。

高さ一八・三メートルの円柱二八四本、角柱八八本によって構成されている、広場を取り巻く列柱は四列になっていて、一見、すかすかのようだが中に入るとその絶妙な配置により見事なスクリーンとなっている。円柱の装飾だけをみるとトスカナ式やドリス式のオーダーのようだが、エンタブレチュアはイオニア式やコリント式のようであり、オーダーの種類の判別は困難である。

サン・ピエトロ広場を取り巻く列柱廊内部。

ベルニーニはフランス王ルイ一四世とその右腕ジャン・バティスト・コルベールにパリに招聘されてルーヴル宮殿の設計を手がけているが、その頃にサン・ピエトロ広場は完成し、カトリック世界最大の教会堂建築にふさわしい、総全長四九〇メートル、全幅二五〇メートルのアプローチ空間が完成した。その後も、使徒座聖堂とバチカン宮殿の間に位置する大階段、スカラ・レジア（一六六三〜六六）のような作品を手がけた。透視図法に通じたベルニーニらしく、奥に行くほど徐々に天井を低く幅も狭くすることで実際よりも遠近感を強調し、階段の荘厳さを増している。

●ベルニーニのサンタンドレア・アル・クィリナーレ教会堂

ベルニーニ単独で設計した教会堂としてはサンタンドレア・アル・クィリナーレ教会堂（一六五八〜七〇）がある。建築家自身が高く評価した傑作である。ファ

サードにはコリント式の大きなオーダーと前方に半円形平面を描いて突き出たポーチを支える小さなイオニア式オーダーが対照的に用いられている。

内部に足を踏み入れると横方向に長軸をとった楕円形平面のドームを頂いた空間が現れる。奥の主祭壇の向こう側には祭壇画があって、その周囲にはまるで絵から抜け出してきたかのような天使の彫刻が舞い、そのまま上方のトップライトの方へ羽ばたこうとしているようにみえる。建築と彫刻と絵画が楕円形平面のドームの下で渾然一体となった宗教的情熱の世界を築き上げているのである。

旧5万イタリア・リラ紙幣（表と裏）。表にはベルニーニの肖像が描かれ、裏の左側にスカラ・レジアと思われる階段の透視図と断面図があしらわれている。

●ボッロミーニのサン・カルロ・アッレ・クワットロ・フォンターネ教会堂

マデルノのもとで修業した巨匠建築家としてベルニーニとともに双璧を為すのはフランチェスコ・ボッロミーニ（一五九九〜一六六七）である。ベルニーニが教皇ウルバヌス八世に重用されて大きな仕事に恵まれたのに対し、エキセントリックな性格だったというボッロミーニはそうではなかったという。そのため、設計料をとらないという条件でさまざまに営業活動を繰り広げ、やがてそれが実を結んでとある小さな修道院が彼に教会堂と付属建築物の設計を依頼したのである。

これがサン・カルロ・アッレ・クワットロ・フォンターネ教会堂（一六三八〜四六、ファサードは一六六二〜六七）である。クィリナーレ通りとクワットロ・フォンターネ通りが交わる交差点に面しており、交差点の各角に泉があるので「四つの泉のある聖カルロ」の名がある。聖カルロとはカトリック改革の立役者の一人で枢機卿にしてミラノ大司教でもあったカルロ・ボッロメーオ（一五三八〜八四）のことである。

工事は遅々として進まなかった。この修道院は恒常的に手元不如意だったからである。全体の面積はサン・ピエトロ使徒座聖堂のドームを支える支柱一本の断面積にも及ばないものだったが、ボッロミーニの存命中には完成しなかった。ファサードも下半分しか完成せず、上半分は甥の手になる。このファサード下半分ではミケランジェロ譲りの大小のオーダーを同時に用いる手法に加えてファサードそのものを曲面を描くようにうねらせる独自の手法を展開している。

また、内部空間も正三角形と円を巧みに組み合わせた複雑な形状であり、奥行き方向に長軸を取った楕円形平面のドームが全体を支配している。この作品によって名声を得たボッロミーニはサンティーヴォ・アッラ・サピエンツァ教会堂（一六四二〜六〇）やサンタニェーゼ・イン・アゴーネ教会堂（一六五三〜五七）などのいくつかの教会建築の仕事を得ることになった。

●ローマ・バロックのヨーロッパ各地への伝播

ローマではベルニーニとボッロミーニ

サンタンドレア・アル・クィリナーレ教会堂（ローマ）のファサード。

サンタンドレア・アル・クィリナーレ教会堂の内部。

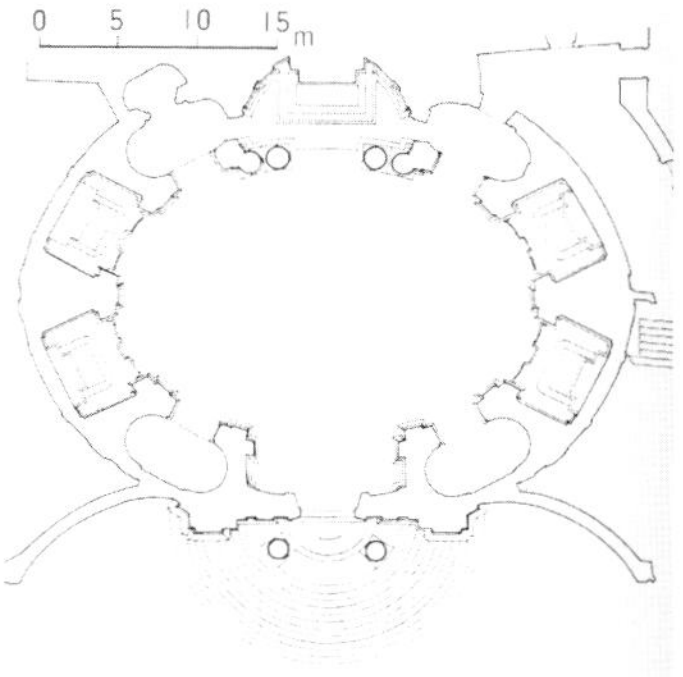

サンタンドレア・アル・クィリナーレ教会堂平面図。

の他にも、ピエトロ・ダ・コルトーナ（一五九六～一六六九）、小マルティノ・ロンギ、カルロ・ライナルディなどの建築家が活躍した。そして、一七世紀中頃以降にはトリノのグァリーノ・グァリーニ（一六二四～八三）やヴェネツィアのバルダッサーレ・ロンゲーナ、あるいは遠く南方のレッチェのジュゼッペ・ジンバロ（一一〇頁参照）にいたるまでイタリア全土でバロック建築をよくした建築家が活躍していき、さらにはアルプスを越えてヨーロッパ各地を席巻していった。とりわけ、宗教改革

サンタンドレア・アル・クィリナーレ教会堂の主祭壇背後。

の嵐が吹き荒れつつもカトリック教会に帰依し続けた南ドイツやオーストリアではローマ以上にローマ・バロック的な教会建築が出現した。

一六八七年まで一六年にわたってベルニーニのもとなどローマで修業したヴィーンの建築家ヨーハン・ベルンハルト・フィッシャー＝フォン＝エルラッハ（一六五六～一七二三）が設計しその息子ヨーゼフ・エマヌエルが竣工させたカールスキルヒェ（一七一三～三七）は奥行き方向に長軸を取った楕円形平面のドームを頂き、奥にベルニーニ風の宗教彫刻を備えていて、フィッシャー＝フォン＝エルラッハのローマ・バロック教会建築研究の成果がよく表れていると同時に、古代神殿の正面を再現した入口やその両脇の記念柱に古代ローマ建築研究の成果も盛り込まれている。

そして、前から見られることを強烈に意識したファサードと、外部より内部の論理が優越する本堂の姿に、目の前に展開する世界に全力投球すると同時にそうでないところには力を尽くさないバロック的設計手法をうかがうことができる。フィッシャー＝フォン＝エルラッハは他にもローマ・バロックの系譜に連なる教会堂を多数手がけており、ザルツブルクのコレギエンキルヒェ（大学教会堂）やドライファルティヒカイツキルヒェ（三位一

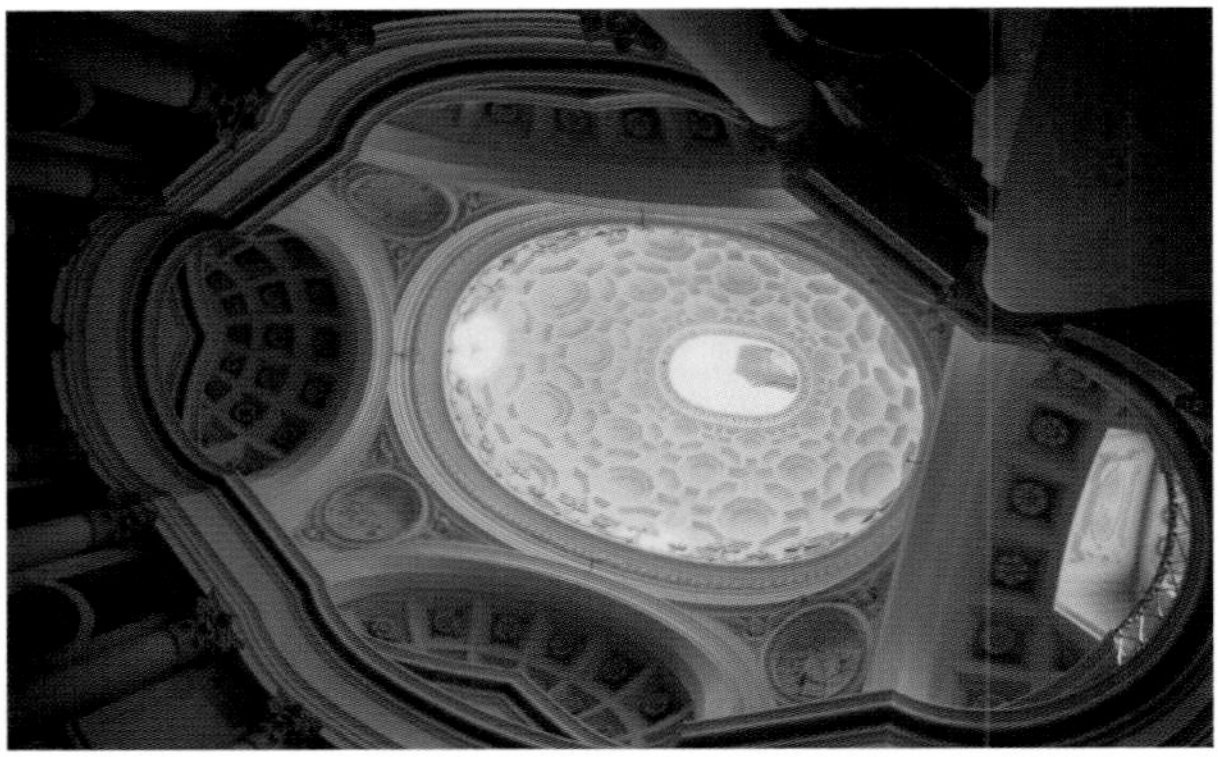

サン・カルロ・アッレ・クワットロ・フォンターネ教会堂の内部。

サン・カルロ・アッレ・クワットロ・フォンターネ教会堂（ローマ）のファサード。

サンタニェーゼ教会堂（ローマ）のファサード。古代の競技場跡がそのまま広場となったナヴォナ広場西辺中央に位置する。正面にはベルニーニの世界の四大河群像とオベリスクを伴う泉水が設置されている。

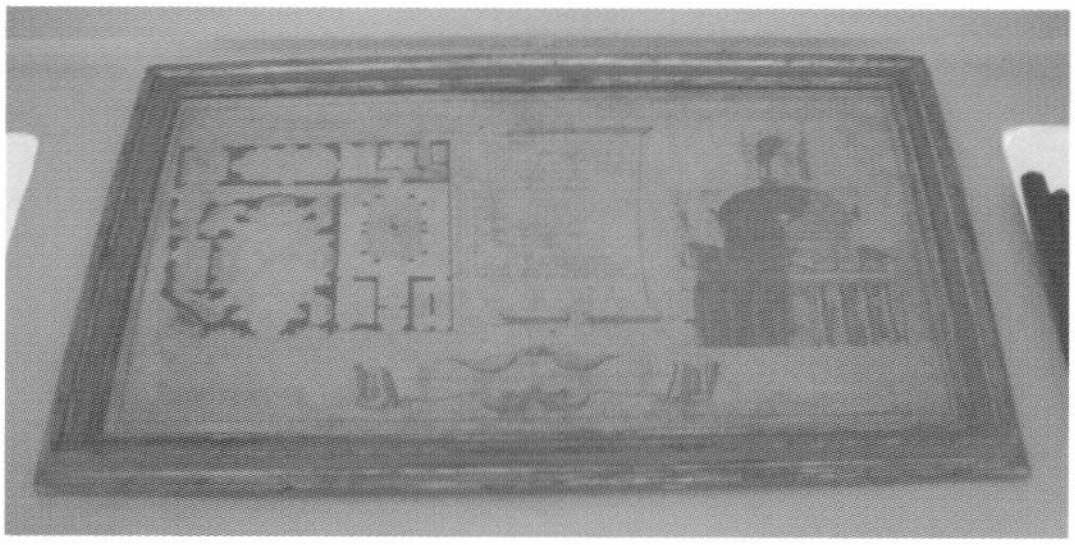

同教会堂の図面。

体教会堂）などの作例がある。

ミュンヒェンのザンクト・ヨーハン・ネポムク教会堂（通称アザムキルヒェ）（一七三三〜四六）も注目すべき作品である。画家で建築家のコスマス・ダミアン・アザム（一六八六〜一七三九）と彫刻家エーギド・クヴィリン・アザム（一六九二〜一七五〇）の兄弟によって自費で建立された彼ら自身の私的教会堂だったが、結局は一般公開せざるをえなくなってしまったようだ。

大小のスケールのオーダーを同時に用いたうねるファサードは紛れもなくボッロミーニの後継者のものといってよいが、着色してあることやディテールの選択から「外観」というよりも「内装」の感覚で設計されたことがわかる。そして、中に足を踏み入れるとこの華やかなファサードを凌駕する内部空間に圧倒されることになる。だが、ひとたび後ろに回るとモダンともいえるほど簡素なたたずまいをみせており、みられることが想定されるところに全力投球するバロックの設計手法がうかがえておもしろい。

サンティ・ヴィンチェンツォ・エ・アナスタージオ教会堂（ローマ）。ローマ旅行の経験者はまずみているはずの教会堂だが、それと認識しているのは少数派だろう。トレヴィの泉を背中にして立った場合、左手にみえる教会堂である。設計は小マルティノ・ロンギ。

サンタ・マリア・デッラ・サルーテ教会堂（ヴェネツィア）。1629年から猛威をふるっていたペストの沈静を願って建立された聖堂。八角形平面ドームを中心にした集中式教会堂で、全体としてはサン・ヴィターレ教会堂のそれに近いが、パラーディオ風の浴場窓（縦に2本マリオン［桟］が入った半円形の窓）やドームを支えるバットレスのように配されたヴォリュート（渦巻き）のようなルネサンスとバロックの特徴もみられる。

トリノ大司教座聖堂のサンティッシマ・シンドネ祭室。トリノには初期キリスト教時代の4世紀に司教区が創設され、1515年に大司教区に昇格している。ここはサンティッシマ・シンドネ(「至聖の布」の意)、すなわち、「聖骸布」を所蔵しているので有名である。聖骸布とは十字架から降ろされたキリストの亡骸を包んだと伝えられている布である。

サンティッシマ・シンドネ祭室断面図。

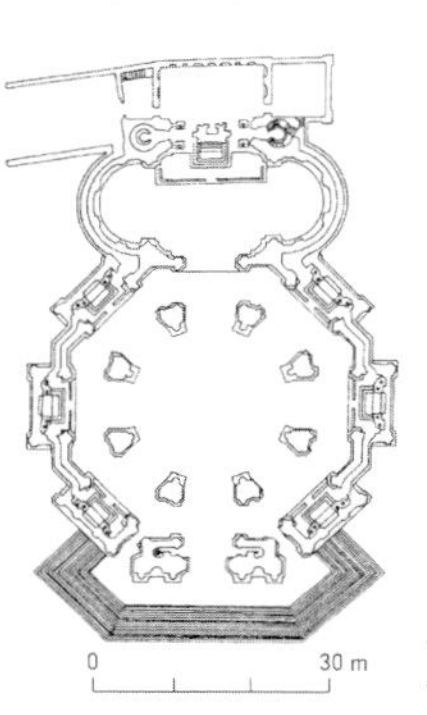

サンタ・マリア・デッラ・サルーテ教会堂平面図。

●三重殻ドームの工夫

外側の論理と内側の論理をそれぞれに優先し、かつ、光の効果を大胆に演出する設計手法が端的に表れたのはドームの構成だった。「三重殻ドーム」といわれる工夫が凝らされ、作例としてはパリの廃兵院《アンヴァリッド》付属ドーム教会堂とクリストファー・レン設計のロンドンのセント・ポー

カールスキルヒェ（ヴィーン）の正面ファサード。

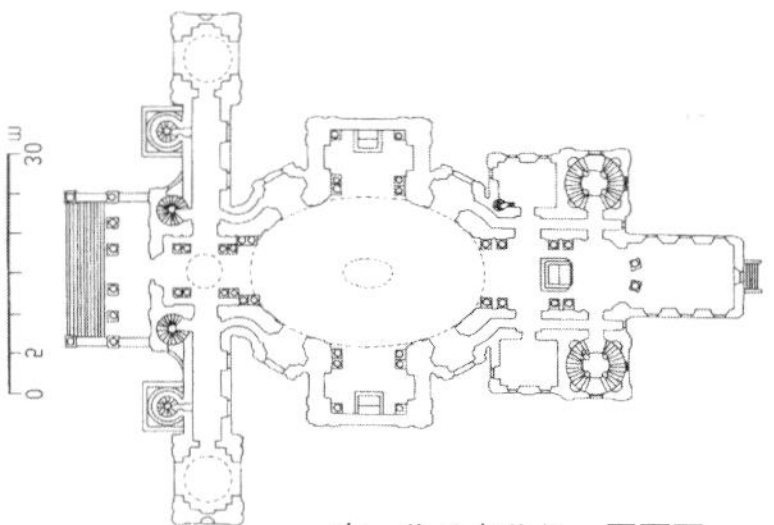

カールスキルヒェ平面図。

カールスキルヒェを斜め後ろからみた姿。正面ファサードより後ろの部分は外観よりも内部の論理にしたがって造形されている。正面ファサードを構成する部分がまさにファサードのためにのみ存在することがわかる。

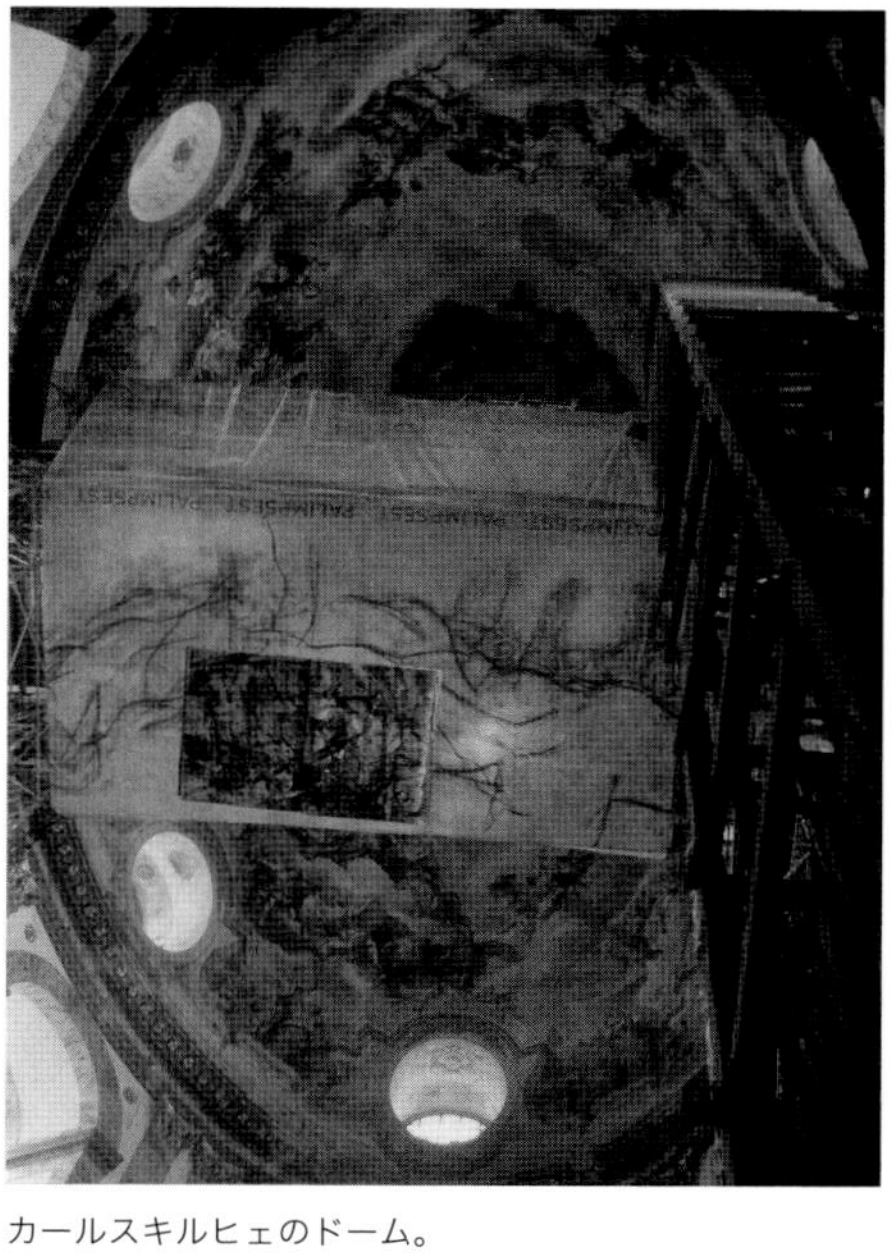

カールスキルヒェのドーム。

カールスキルヒェのドーム（部分）。

コレギエンキルヒェ（ザルツブルク）。

ドライファルティヒカイツキルヒェ（ザルツブルク）。

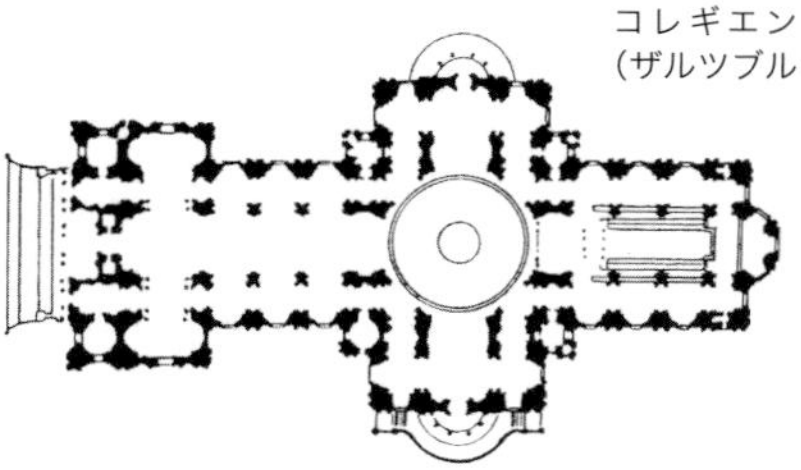

セント・ポール主教座聖堂平面図。

ドライファルティヒカイツキルヒェの内部。

ル主教座聖堂が著名である。

　廃兵院のドーム教会堂はヴェルサイユ城館の鏡の間などを手がけた建築家ジュール・アルドゥアン＝マンサール（一六四六〜一七〇八）の作品である。平面形態だけをみるならば、ドームを中心にしたギリシア十字形の集中式平面で、ミケランジエロのサン・ピエトロ使徒座聖堂に通ずるルネサンス的な構成だ。ドームにはバロック的な三重殻ドームの工夫により外と内の論理の両立と光の効果の演出がみられる。外からみるとドームのドラムに二層の窓列がみえるのに対して、内側から見るとそれが一列しかみえないことに注目してほしい。

廃兵院ドーム教会堂(パリ)の正面ファサード。

廃兵院ドーム教会堂のドーム見上げ。

ザンクト・ヨーハン・ネポムク教会堂（ミュンヒェン）のファサード。

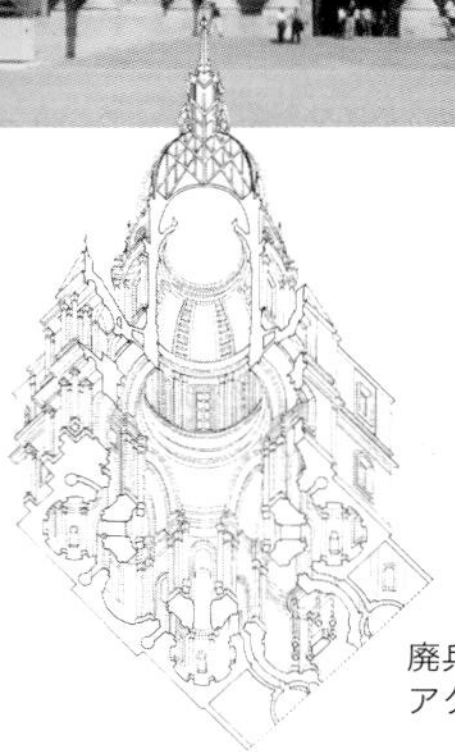

廃兵院ドーム教会堂のアクソノメトリック図。

ザンクト・ヨーハン・ネポムク教会堂の内部。

ザンクト・ヨーハン・ネポムク教会堂の背面。

COLUMN

墓所としての教会堂

◆ナポレオン一世の眠る廃兵院ドーム教会堂

パリの廃兵院ドーム教会堂にはルイ一四世治世下の優秀な軍人が二名葬られている。コンデ大公ルイ二世と並ぶフランス陸軍の双璧《そうへき》とたたえられた野戦の名手テュレンヌ子爵（一六一一～七五、一六四三年に元帥）と、築城と攻囲戦の名手ヴォーバン（一六三三～一七〇七、一七〇三年に元帥杖を授けられた）である。彼らの墓所は執政官政期にトランセプト端部に設けられた。そして、第二帝政期（一八五二～七〇）には聖堂中央の床がくりぬかれてナポレオン一世の墓所が設置されている。

そもそも、教会堂は初期キリスト教時代から重要人物の墓所としての機能も果たしてきた。パリ北方のサン・ドゥニ修道院付属教会堂はフランス王の墓所として有名であり、フィリベール・ドゥ・ロルム（一五一〇頃～七〇）のフランソワ一世王廟（一五四七）やフランチェスコ・プリマティッチョのアンリ二世王廟はフランス・ルネサンス建築の傑作としても名高い。

廃兵院ドーム教会堂（パリ）のナポレオン1世の弟ジョゼフ・ナポレオン廟。第二帝政期に設置された。

廃兵院ドーム教会堂のナポレオン廟。

◆「クリプト」という地下空間

地下にもバロック様式のルイ一四世王廟や悲劇の王子ルイ一七世の遺髪など著名な王たちの墓所がある。このような地下の空間を「クリプト」という。たとえば、シュパイアー皇帝大聖堂の地下のクリプトには八名の神聖ローマ皇帝の棺がある。ヴァヴェル城塞内のクラクフ司教座聖堂のクリプトにもタデウシュ・コシチューシコ（一七四六〜一八一七）やユーゼフ・ポニャトフスキらポーランド独立に奔走した英雄たちが安らかに眠っている。ブリュッセルのサン・ミシェル参事会聖堂のように、聖堂を建て替えたときに古い教会堂の基礎がそのままクリプトに残っている場合もあった。

墓所という明確な形をとらずとも、教会堂の壁面や床に埋められることも多かった。というより、こちらの形の方がよくみられるといったほうがよいだろう。ここではローマのサンタ・マリア・マッジョーレの内陣脇の床面にみられるベルニーニの墓碑を紹介しておく。

サン・ドゥニ修道院付属教会堂（パリ北方）の地下クリプト内のルイ14世王廟。

トーマスキルヒェ（ライプツィヒ）の内陣内のバッハの墓碑。

サンタ・マリア・マッジョーレ（ローマ）の内陣脇のベルニーニの墓碑。

三位一体説への焦点
——聖霊を表す白鳩とバロック

◆聖体の秘蹟

カトリック改革の原動力となったトレント公会議ではカトリック教会の教義の再確認が積極的に行われ、プロテスタント諸派との教義の違いが浮き彫りとなった。たとえば、「聖体の秘蹟」の確認がある。

これは「ミサ」の中の聖体拝領の儀式でキリストの血と肉体として授けられるワインとパンが実際にキリストの血と肉体に変化するという秘蹟のことである。これゆえにこそ、カトリック教会では教会堂に集まってミサを挙行することが重要なのであり、教会建築が充実する一つの要因となっている。

サン・バルテミー参事会聖堂（リエージュ）の説教壇。

サン・ピエトロ使徒座聖堂（ローマ）内のバルダッキーノ天井。

◆聖霊の表象、白鳩

また、初期キリスト教時代に確立した三位一体説の確認も行われた。三位一体といってもニカイア公会議などで問題になったのは父なる神と子なるキリストの問題だったが、バロックの教会建築では聖霊に焦点が当たっているようである。

サン・ピエトロ使徒座聖堂の最奥部のステインド・グラスやバルダッキーノの天井中央、ベルニーニのサンタンドレア・アル・クィリナーレ教会堂やボッロミーニのサン・カルロ・アッレ・クワットロ・フォンターネ教会堂、ヴィーンのカールスキルヒェのランタン天井中央など、さまざまなところに白鳩が表現されているのはその表れだろう。

サンタンドレア・アル・クィリナーレ教会堂（ローマ）のランタン天井。

カールスキルヒェ（ヴィーン）のランタン天井。

天使とバロック
――セラフィム（熾天使）の表現

◆最上位の熾天使

バロック時代になってよくみられるようになった図像に「セラフィム」（熾天使）がある。中世以来、天使の世界は九階級に分かれているといわれており、セラフィムはその最上位の天使にあたる。図像としては童の顔と青色のうち混じる翼だけで表現される。たとえば、サン・ピエトロ使徒座聖堂の正面ファサード一層目のイオニア式円柱の柱頭、ベルニーニのサンタンドレア・アル・クィリナーレ教会堂のドーム内装の頂部付近、ヴィーンのカールスキルヒェのランタン天井などにみられる。

サン・ピエトロ使徒座聖堂（ローマ）の正面ファサード第1層のイオニア式オーダー柱頭。

この天使の表現が豊穣にみられる作例を多く擁する都市が南イタリア・プーリア州にある。レッチェである。ガイド・ブックなどには「バロックのフィレンツェ」というフレーズが散見され、とりわけ、凱旋門からドゥオーモ広場へ至るジュゼッペ・パルミエーリ通り、および、ドゥオーモ広場への入口の前でジュゼッペ・パルミエーリ通りと直交し、西の市門とサントロンツォの円柱のあるサントロンツォ広場を結ぶジュゼッペ・リベルティーニ通り（ドゥオーモ広場入口より西）とヴィットーリオ・エマヌエーレ二世通り（同東）の両側にはバロック様式の教会堂建築や都市住宅が多くみられる。

◆バロックのヴィチェンツァ

レッチェのバロック教会建築の質の高さは特筆に値する。とりわけ、サン・マッテオ教会堂（一六六七〜一七〇〇）は筆者のみるところ市内随一のバロック建築である。この聖堂はレッチェを教会都市として輝かせるために時のレッチェ司教ルイージ・パッパコーダが主導して建設にあたったもので、設計したのは当地の建築家アキッレ・ラルドゥッチ（またはカルドゥッチ）である。そのファサードはボッロミーニやグァリーニのローマ風教会バロックの影響を大きく受けているといってよい。

この司教パッパコーダが最も頼りにした建築家はジュゼッペ・ジンバロ（通称ジンガレッロ、一六二〇〜一七一〇）だった。彼こそがレッチェのスター建築家であり、新しい聖母被昇天司教座聖堂（ドゥオーモ・デッラッスンタ）（一六五九〜七〇）やその鐘楼（一六六一〜八二）の設計を任されたのも彼である。その他、イル・ジェズ型ファサードを持つサンタ・テレーザ教会堂の建設事業をある程度の完成に導き（結局、ファサード上部は未完に終わった）、司教座聖堂正面ファサード中央部に似たファサードのサンタンナ教会堂（一六八〇〜）や、ゴシック、ルネサンス、そしてバロックの各様式が渾然一体となった華やかなデザインで知られるサンタ・クローチェ教会堂のファサード上部も設計したといわれている。また、私財を投じてまでサン・ジョヴァンニ・バッティスタ教会堂（一六九一〜一七二八）の設計と建設に没頭したという。ヴィチェンツァにパラーディオありというならレッチェにはジンバロありといえそうで、それゆえ、筆者としては「バロックのフィレンツェ」というより「バロックのヴィチェンツァ」とよびたいところだ。

ドゥオーモ・デッラッスンタ（レッチェ）の側廊側入口。

ドゥオーモ・デッラッスンタ側廊側入口の天使の表現。

ドゥオーモ・デッラッスンタ側廊側入口の天使の表現。

ゴシックのなかに息づくバロック

◆カトリック改革を受けて

さまざまな歴史的建造物のなかで教会堂というビルディング・タイプが特異なのは、その多くが現在も創建当初の機能で使用されつづけていることである。したがって、長期間にわたって使用されつづけることにより、その間、時代に応じた改築や増築を受けているものが多いのである。とりわけ、カトリック改革を受けて始まったバロック時代には従来の教会堂に大幅な改築や増築が施された。

たとえば、バレンシア大司教座聖堂の正面ファサード、すなわち、プエルタ・デ・ロス・イエロス（鉄の門）があげられる。もともと、バレンシア大司教座聖堂は一三世紀半ば（起工式は一二六二年）から建設されたゴシック様式を主体とする聖堂建築だが、一八世紀初頭にはコンラート・ルドルフによってデザインされたこのバロック・ファサードが増築された。

全体構成は三層のイル・ジェズ型ファサードで、それが凹凸凹といううねった壁面となっているところはボッロミーニを思わせる。さらに楕円形の薔薇窓、それに天使たちや聖人たちの彫刻が、一層目のコリント式オーダーや二層目のコンポジット式オーダーのような建築装飾と渾然一体となってドラマティックな場面を演出している。しかも、このファサードは聖堂内部のゴシックとは何の関係もなく貼り付けられているようなものであり、まさにバロック的な「看板建築」といってよい。

バレンシア大司教座聖堂の正面ファサード「プエルタ・デ・ロス・イエロス」。

サン・ミシェル参事会聖堂（ブリュッセル）の身廊に設置された説教壇。

◆中世の教会堂に息づくバロック

スペインの古都トレドの大司教座聖堂にも注目すべきバロックがある。ただし、ここも基本的にはゴシック様式の聖堂建築であり、主祭壇真後ろの周歩廊の天井部に採光のためのランタンが増設されていて、そのまわりにバロック彫刻が施されるという形である。同じような作例はトリア大司教座聖堂の最奥部でもみられるし、また、ザルツブルクのザンクト・ペーター大修道院付属教会堂やリエージュのサン・バルテルミー参事会聖堂のように、中世の教会建築内部をロココ様式（後期バロックのインテリアにおける様式名）で完全リニューアルしたものもある。

じつは、ヨーロッパ各地に星の数ほどもある中世の教会建築を訪れると必ずといってよいほどバロック建築に出会うものである。それは主に説教壇にみられる。ここでは一つだけ、スペイン領低地地方の中心都市ブリュッセルのサン・ミシェル参事会聖堂の例を紹介したい。

サン・ミシェル参事会聖堂は司教座こそないものの低地地方最大級の聖堂建築であり、いわゆるブラバン・ゴシックの代表例の一つとされている。中に入ると一三世紀に建造された身廊の堂々たる様子が目に飛び込んでくるが、身廊と側廊を隔てる太い円柱には普通のゴシック聖堂とは異なる印象を与える彫像群が施されている。これらはキリストの十二使徒であり、ブリュッセルのマネケン・ピス、すなわち、小便小僧の作者として著名な彫刻家ジェローム・デュケノワの作品ということである。

サン・バルテルミー参事会聖堂（リエージュ）の身廊。

サン・バルテルミー参事会聖堂。

ザンクト・ペーター大修道院付属教会堂（ザルツブルク）。

ザンクト・ペーター大修道院付属教会堂（ザルツブルク）身廊。

C | H | A | P | T | E | R |

第10章

新古典主義の教会建築

宗教改革とカトリック改革以後の教会建築

ヴェルサイユ城館付属礼拝堂の身廊。

●ヴェルサイユ城館付属礼拝堂

ジュール・アルドゥアン＝マンサール（一六四六～一七〇八）はヴェルサイユ城館・鏡の間を手がけるなど、一六七〇年代末から一七〇八年に没するまでフランス建築界のドンとして君臨した巨匠である。その彼の廃兵院ドーム教会堂と並ぶ教会建築の傑作が、弟子で義弟のロベール・ドゥ・コット（一六五六～一七三五）とともに設計にあたったヴェルサイユ城館付属礼拝堂（一六八八～一七一〇）である。

　その構成にはルイ九世がシテ島の王宮内に建設したサント・シャペル礼拝堂の影響がうかがえるというが、最大の特徴は身廊上方のコリント式の円柱がエンタブレチュアと身廊のヴォールトを支持していて、ようするに構造上の役割を負っていることである。それゆえ、この礼拝堂は新古典主義の先駆けと評されるだろう。

●パリの旧サント・ジュヌヴィエーヴ教会堂（現パンテオン）

一七五三年、イエズス会士マルカントワーヌ・ロージエ（一七一三～六九）が著した『建築試論』には当時の建築のとらえ方からすると革新的な建築観が提示された。これはアルベルティの『建築論』の考え方と比較するとわかりやすいだろう。アルベルティが建築とは壁を建てて屋根を架けて開口部を設けるものだとしたのに対し、ロージエは柱と横架材と屋根からなる「軸組」による建築モデルを提唱したのである。

　この考えにもとづいて彼が優れた建築と賞賛したのが前述のヴェルサイユ城館付属礼拝堂であり、ルーヴル宮殿の東側ファサードの列柱廊だったのである。ロージエの建築理論に最も近づいた建築としてパリの旧サント・ジュヌヴィエーヴ教会堂がある。オーストリア継承戦争で遠征中にロレーヌ地方の都市メスで病に倒れたルイ一五世（一七一〇～七四）が平癒

アルドゥアン=マンサールの肖像画。

の暁に建立することを誓った聖堂である。その建築家にはジャック・ジェルマン・スフロ（一七一三～八〇）が選ばれた。

この聖堂の設計は紆余曲折を経てさまざまに変更され一七七七年にようやく最終案にいたったが、スフロのコンセプトは一七五五年に設計を開始したときからきわめて明快であり揺らぐことがなかった。そのコンセプトとはオーダーを構造材として用いることであり、できうる限りにおいて円柱と横架材（エンタブレチュア）でヴォールトを支えようとしたのである。まさにロージエの「原始の小屋」（プリミティヴ・ハット）の建築理論と同様の考え方だった。

だが、このような考え方にはどこか机上の空論めいたところがあったのも確かである。古代ローマ人が古代ギリシアの円柱の様式を導入する際に、なぜ構造上の役割を剝奪して装飾としてのみ使用したのかに思いをいたせばそれは自ずと明らかだろう。石やれんが、コンクリートのような、圧縮力には強いが引っ張り力や剪断力には比較的弱い材料には軸組構法は不利なのである。実際、石材の内部に鉄筋を入れて補強しても、この聖堂の建設中から構造上の問題点は指摘されてきたし、ドームに裂け目が生じたこともあった。

折からの財政難により建設工事そのものも三〇年も続いた。一七六四年九月六日に起工し（基礎工事は一七五七年から）、地下のクリプト（一七六三）、身廊の列柱と正面の列柱（一七七七～八〇）、身廊のヴォールト（一七七〇～七三）、クーポラを支える円筒形の部分（ドラムという）（一七八五～八七）の完成を経て、クーポラ本体（一七八九～九〇）の工事が行われたのはフランス革命後のことだった。

ここでこの聖堂に転機が訪れる。教会堂としては使わず、ヴィレット侯爵の発案で祖国フランスの英雄の遺体を安置し栄誉をたたえる「フランスのパンテオン」、「祖国の神殿」となすことが決定されたのである。一九世紀には政体の交代等で教会堂と偉人たちの墓所「パンテオン」の間をゆれ動いたが、一八八五年から「パンテオン」となった。

アントワーヌ・クリゾストム・キャトルメール・ドゥ・カンシー（一七五五～一八四九）による改装工事が行われ外壁の窓が埋められた。光あふれる教会堂が、偉人たちの墓所にふさわしい厳かな闇で覆われたのである。一七九六年にはクーポラを支える支柱に亀裂が発見され、一七九八年に解決案が策定されて、

ロージエ『建築試論』第2版（1755）の扉絵。

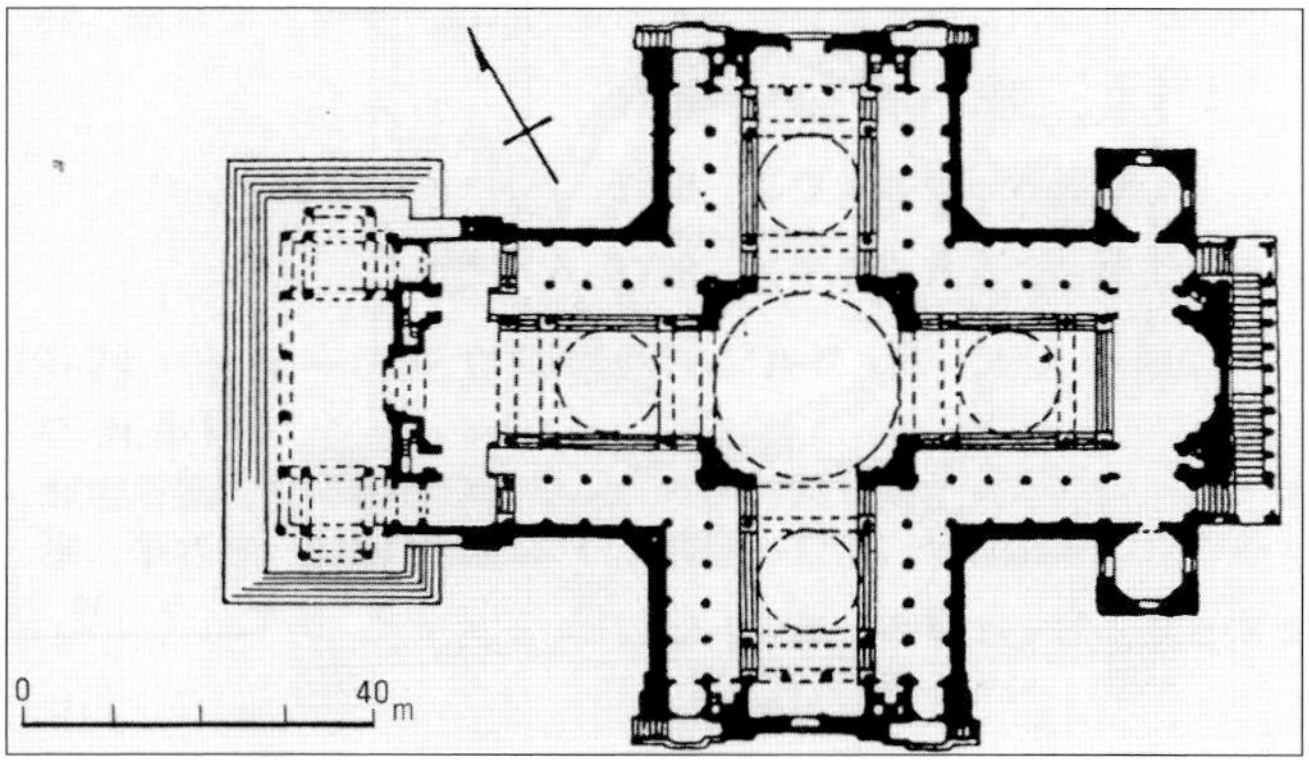

旧サント・ジェヌヴィエーヴ教会堂平面図。

一八〇六年から一八一二年にかけて補修工事が行われた。

旧サント・ジュヌヴィエーヴ教会堂の身廊。

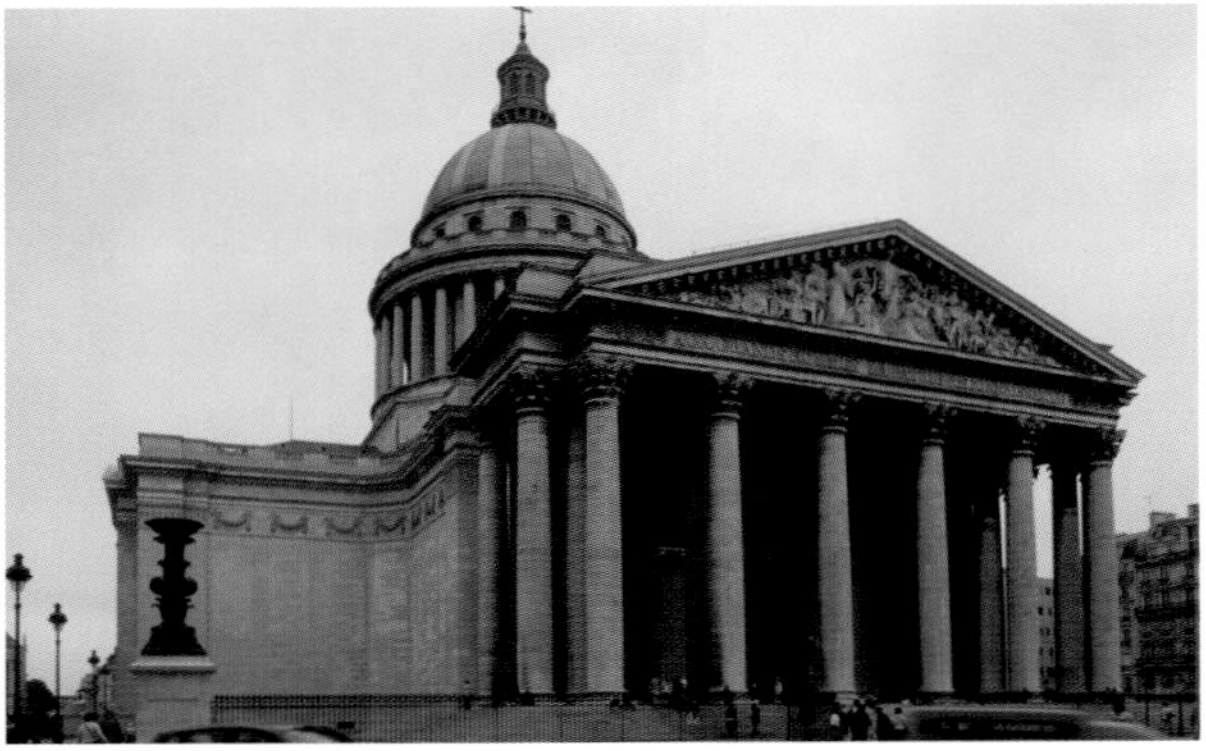

旧サント・ジュヌヴィエーヴ教会堂（パリ）の正面からの外観。

●パリのラ・マドレーヌ教会堂

建築物すべてを軸組構法で建てることは不可能だとしても、構造材としての独立円柱をデザインの重要なところで用いる傾向が強まっていった。スフロの時代の王の首席建築家アンジュ・ジャック・ガブリエル（一六九三～一七八二）の建築にもそのような傾向がある。教会建築の分野ではジョヴァンニ・ニッコロー・セルヴァンドーニ（一六九五～一七六六）設計のパリのサン・シュルピス教会堂ファサード（一七三三～四九）のような作例がある。

また、一八世紀にはヨーロッパ各地、あるいはかつての古代ギリシアの故地で古代建築の実測調査や発掘調査が進んだことから、古代ローマ建築に比べてそれまであまり知られていなかった古代ギリシア建築の清新な姿に着想を得てグリーク・リヴァイヴァル建築が出現していった。ルネサンス時代以来の建築家たちに参照

サン・シュルピス教会堂（パリ）の正面ポルティコ。

ラ・マドレーヌ教会堂（パリ）の正面ファサード。

ラ・マドレーヌ教会堂内部。

されてきた古代ローマ建築についても新たな考古学的知見が得られていき、ローマン・リヴァイヴァルともよぶべき新たな読み直しが行われていった。

だが、古代ギリシア・ローマ建築は本質的に「異教」の建築であり、教会建築には使いにくいところがあったかもしれない。パリのラ・マドレーヌ教会堂はその数少ない例であり、外観は古代ローマの神殿建築そのものをさらに大規模に建造したもののようにみえる。それに対して内部はドームを連ねた独特のデザインであり、最奥部にはアプスがあってネオ・ビザンツ様式のモザイク装飾がみられる。古代の神殿建築には基本的に内部空間がないので、内部については独自の解を導き出すしかなかった。

計画自体はルイ一五世時代になされ、ナポレオン一世（一七六九～一八二一）が現在の建築物のデザインとしたが、完成したのはナポレオンが失脚したはるか後、ブルボン家の王政復古時代（一八一四～三〇）よりも後で、ルイ・フィリップ一世（一七七三～一八五〇）の七月王政時代（一八三〇～四八）に入った一八四二年のことである。ピエール・アレクサンドル・ヴィニョン（一七六三～一八二八）が設計した。

サント・クロティルド教会堂（パリ）の正面ファサード。

CHAPTER

第11章

ゴシック・リヴァイヴァル

宗教改革とカトリック改革以後の教会建築

●ゴシック建築再評価のさまざまな要因

ルネサンス・バロックの建築は古代ギリシア・ローマ（とくにローマ）建築を「古典」ととらえ、その「古典」の高みをめざして創造された建築である。これを「古典主義」の建築という。この間、従来のゴシック建築は野蛮人の建築とみなされ、あまり評価されてこなかったのだが、一七世紀末頃からその再評価の動きが出てきた。

一つは構造合理主義の観点からである。古典主義建築にはアーチや壁体による構造体とオーダーを駆使したデザインを別個のものととらえる考え方があるが、それに対して構造体がそのままデザインでもあるという、フライング・バットレスをはじめとするゴシック建築のありようが再評価されたのである。その先駆者といわれるのは、ルーヴル宮殿東側ファサードの設計にも参加したクロード・ペロー（一六一三〜八八）であり、前章で新古典主義の先駆けと紹介したヴェルサイユ城館付属礼拝堂はこの動きのなかにも位置付けることができるだろう。

次に一八世紀の造園界を席巻した「風景式庭園」あるいは「イギリス風庭園」

ヴォティーフキルヒェ（ヴィーン）の外観。

大浦天主堂（長崎）の正面ファサード。

と関係の深い「ピクチャレスク」（絵画風）の文脈からの再評価がある。作例としては第四代オーフォード伯ホレイス・ウォルポール（一七一七〜九七）のストロベリー・ヒル城館があり、ゴシック建築を自由に翻案《ほんあん》した独特な雰囲気を持つ建築である。また、ジェイムズ・ワイアット（一七四六〜一八一三）が設計したフォントヒル・アビー城館（一七九六〜一八〇七）はゴシックの修道院および聖堂建築を強烈に意識した邸宅として有名である。

　第三に「キリスト教建築」という観点からの再評価がある。先述のように古代ギリシア・ローマ建築はもともと異教徒の建築であり、オーダーは異教の神殿に由来するものである。ゆえに、その流れをくむ古典主義建築、新古典主義建築も「異教的」であり、キリスト教の殿堂たる教会建築にはふさわしくないと考える者もあった。最も先鋭的な建築家の一人としてイギリス国会議事堂のファサード・デザインを手がけたオーガスタス・ウェルビー・ノースモア・ピュージン（一八一二〜五二）がいる。一八三六年に『対比』を著し、古典主義建築の「欺瞞《ぎまん》」を痛烈に批判、彼がキリスト教信仰の篤かったと考えた時代である中世こそ現代が従うべき規範だと主張した。

　また、一九世紀に勃興していったナショナリズムの動きとも連動した。とりわけ、アルプスの北側の諸国において、本質的に「地中海世界」の建築たる古代ギリシア・ローマ建築ではなくゴシック建築こそが自分たちの祖先が築き上げた真に国民的建築だととらえたのである。

●ゴシック・リヴァイヴァルの三つの側面

　以上のようなさまざまな要因で一九世紀には「ゴシック・リヴァイヴァル」とよばれる建築運動がさかんになっていった。建築活動としてのゴシック・リヴァイヴァルには三つの側面がある。すなわち、中世のゴシック建築のデザインにのっとって新築の建築物を設計しようという動き、既存のゴシック建築を修復していこうという動き、さらに未完成に終わっていたゴシックの聖堂建築を完成に導こうという動きである。

　とりわけ、最初の動きによって建設された新しい建築を「ネオ・ゴシック」建築という。一九世紀には過去の建築デザインを「様式」として分類し、TPOに応じてそれらの「様式」を使い分けるということが行われた。このような建築を「様式建築」あるいは「歴史主義建築」という。ネオ・ゴシックも「ネオ・ゴシック様式」として様式建築の一ジャンルとして位置付けられることとなった。

ノートル・ダム大司教座聖堂（パリ）の背面。身廊と交差廊の交わるところにヴィオレ=ル=デュクが設計した尖塔が建っていた。2019年4月15日に炎上崩落した。

　当然の成り行きとして、ネオ・ゴシック様式は教会建築にふさわしい「様式」だと考えられていた。それゆえ、一九世紀から二〇世紀初頭に建設された教会建築にはこの様式で設計されたものが多い。規模・質ともに優れた作例としては、パリのサント・クロティルド教会堂（一八四六～五七）、ヴィーンのヴォティーフキルヒェ（一八五六～七九）、ベルギー・オーステンデのシント・ペトルス・エン・パウルスケルク（一九〇一～〇五）がある。オーステンデの教会堂はベルギー・ブルッヘ生まれの建築家で、アントウェルペン中央駅も手掛けたルイ・ドゥ・ラ・サンスリー（一八三八～一九〇九）の作品である。

　また、わが国にもネオ・ゴシック様式で建設された教会堂は数多い。長崎の国宝・大浦天主堂はその代表作であり、木造によって構築されたネオ・ゴシック建築である。長崎を中心に数十棟の教会建築を手がけた鉄川与助の作品にも、とりわけ前期の作品にリブ・ヴォールトを用いたネオ・ゴシック建築がよくみられる。

フィレンツェ大司教座聖堂ファサード。

●じつは「一九世紀建築」であるゴシック建築は結構多い

ゴシック・リヴァイヴァルの第二、第三の側面は既存のゴシック建築がベースになるので見学の際には注意が必要である。中世のものだと思って見ていた部分やディテールがじつは中世にまでさかのぼらない比較的新顔のものかもしれないからである。たとえば、第二の側面についてはパリのノートル・ダム大司教座聖堂があげられる。この聖堂はフランス革命にともなう聖堂破壊運動《ヴァンダリズム》の犠牲となりかなりの損傷を受けたので、一八四三年以降、ウジェーヌ・エマニュエル・ヴィオレ＝ル＝デュク（一八一四～七九）により大規模な修復作業が計画され実施されている。したがって、正面ファサードの多くの彫刻などこのときに新たに制作されたディテールも多いのである。

　第三の側面についても広く知られた有名作にそのような例は数多い。フィレンツェ大司教座聖堂ファサード、ケルン大司教座聖堂の上部四分の一ほど、ウルム大聖堂の鐘楼《しょうろう》のような作例がある。とりわけ、ケルンの高さ一五七メートルの双塔、ウルムの高さ一六一メートルの鐘楼は組《そ》積造《せきぞう》の教会建築としては最も高い建築物群といってよいだろう。これだけの高さを実現するにはナショナリズムの盛り上がりによる建設再開への機運の醸成もさることながら、産業革命を経た機械力が必要だったことも確かである。

ウルム大聖堂の鐘楼上部。

ウルム大聖堂の正面ファサード。

ケルン大司教座聖堂の正面ファサード。

C | H | A | P | T | E | R

第12章

現代建築運動と教会建築

宗教改革とカトリック改革以後の教会建築

サクレ・クール教会堂（パリ）の正面ファサード。

●様式からの決別と現代建築運動

一九世紀の建築の主流は過去の建築様式によった「様式建築」だったが、世紀末にはそこからの脱却を図る動きが徐々にさかんになっていった。世紀末から二〇世紀初頭にかけて、植物に着想を得たアール・ヌーヴォー、大地が隆起したかのような表現主義、様式建築のディテールをそぎ落とし直線主体でまとめたヴィーンの分離派などさまざまな動きがあり、やがて一九二〇年代には「モダン・ムーヴメント」とよばれる運動が登場した。

これは邦語では「近代建築運動」と訳されることが多い。ここでいう「モダン」とは「現代」のことなのでこの訳語には少々問題があり、本書では「現代建築運動」としておく。

このような動きのなかで教会建築にはどのような展開があったのだろうか。じつは現代建築運動はほぼ住宅を軸として推進された。現代建築運動を推進する要因の一つが第一次世界大戦後の戦災復興だったこともあるし、また、なによりも一九三〇年代くらいまでは依然として様式建築と、その装飾を単純化して直線で諸要素をまとめたアール・デコが建築界の主流だったからである。

　二〇世紀になって建設された前述のオーステンデの教会堂はネオ・ゴシック様式だし、第一次世界大戦後に竣工したパリのモンマルトルの丘の上に屹立するサクレ・クール教会堂（一八七五～一九一九）もネオ・ビザンツ様式とネオ・ロマネスク様式の折衷様式だった。

●鉄筋コンクリートによる新たな教会堂の空間

とはいえ、オーギュスト・ペレ（一八七四～一九五四）のノートル・ダム・デュ・ランシー（一九二二～二三）教会堂のような傑作も現れた。ペレは当時の新技術である鉄筋コンクリートを用いた新しい建築の創造に貢献したベルギー出身のフランスの建築家である。

　ここでも直径四三〇ミリメートル、高さ一一メートルの二八本の鉄筋コンクリート製円柱のみによって支持された軽快な建築空間を実現した。これはロージエやスフロの建築モデルが結実した瞬間といえないだろうか。コンクリートは圧縮力には強いが引っ張り力や剪断力には比較的弱い。この弱点を中に鉄筋を入れることによって補ったのが鉄筋コンクリートである。彼らの理想とした建築は鉄筋コンクリートという新たな技術の登場によってようやく可能になったのである。

　同じ鉄筋コンクリートを使用しながらも、この聖堂とは対照的に重厚な内部空間を創造したのはスイス出身のフランスの建築家ル・コルビュジエ（一八八七～一九六五）である。ル・コルビュジエは現代建築運動を代表する建築家・建築著述家であり、一九二〇年代から一九三〇年代にかけて、いわゆる「白い箱」の住宅建築を多数手がけたが、第二次世界大

ラ・トゥーレット修道院（リヨン）のファサード（ブリーズ・ソレイユが施されている）。

ラ・トゥーレット修道院の外観。

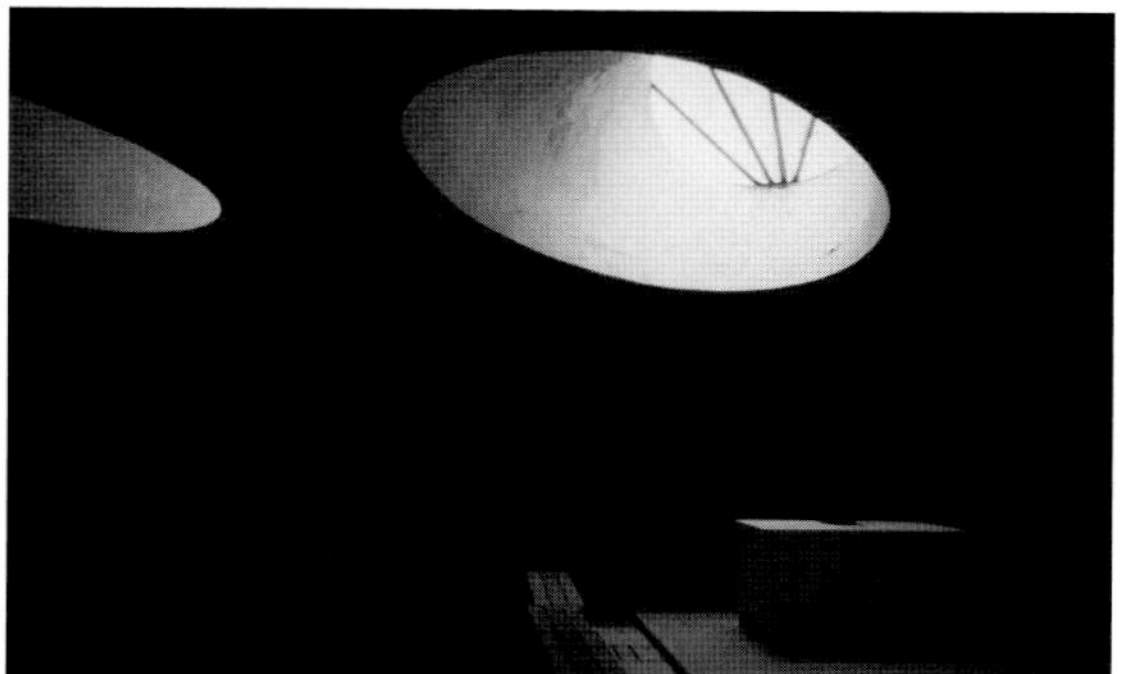
ラ・トゥーレット修道院付属礼拝堂の内部。

戦後は「白い箱」から開放されてもっと自由な造形を追求した。

　教会建築としてはラ・トゥーレット修道院および付属教会堂とロンシャンのノートル・ダム・デュ・オー礼拝堂（一九五〇〜五五）のような傑作を実現している。前者はル・コルビュジエによって提唱された人体比例に基づく比例体系モデュロール、および、室内への日照条件を操作するブリーズ・ソレイユが導入されたことで著名で、後者は鉄筋コンクリートの可塑性を生かした自由な造形、そして、同じく自由な開口配置による幻想的な内部空間の魅力によって世界中の建築家や建築を学ぶ学生たちを今にいたるまで惹きつけている。

●東京カテドラル関口教会・聖マリア大聖堂

　ル・コルビュジエはわが国の現代建築運動にも大きな影響を与えた。とりわけ、一九二〇年代末から一九三〇年代にかけて前川國男や坂倉準三などの日本人建築家を自らのアトリエに受け入れたことが大きく作用しているだろう。一方、彼らより若い丹下《たんげ》健三《けんぞう》（一九一三〜二〇〇五）は世代と戦争の関係で自らはル・コルビュジエの下で研鑽《けんさん》することはできなかったが、その影響は大きかった。これは彼の卒業論文および卒業設計にも顕著に表れている。

　本書を締めくくるにあたっては彼の代表作東京カテドラル（一九六三〜六四）を

ノートル・ダム・デュ・オー礼拝堂（ロンシャン）の外観。

ノートル・ダム・デュ・オー礼拝堂の外観。

東京カテドラル関口教会・聖マリア大聖堂の外観。

取り上げたい。東京カテドラルはその名のとおり「東京大司教座聖堂」であり、東京大司教座（カテドラ）が置かれた教会堂である。わが国のカトリック教会は一六の教区（大司教区、司教区）からなり、そのうちの東京、大阪、長崎の教区が大司教区である。

この大司教座聖堂は聖母マリアに捧げられた。堂内にはケルンより贈られた、フランス王ルイ一三世の母后マリー・ドゥ・メディシス（母后は息子に追われてブリュッセルに亡命し、ケルンで没した）ゆかりの聖フランシスコ・ザビエルの胸像も安置されている。聖フランシスコ・ザビエルはわが国に初めてキリスト教を伝えた人物であり、わが国の守護聖人でもある。

大司教座聖堂の平面は十字形となっているが、同じ建築家による国立代々木競技場第一体育館（旧代々木プール）と第二体育館にも通じる、屋根と壁体が一体化した鉄筋コンクリート造HPシェルの構造体によりもっと複雑な内部空間が演出されている。内陣に向かって右側には地下のクリプトへの出入り口がある。丹下健三は生前にカトリックに帰依《きえ》し、二〇〇五年三月二二日に没してからこのクリプトに葬られた。

新装版｜増補コラム

初期キリスト教時代の教会建築のイメージ継承

象徴的な形での「継承」

本書全体を通じてふれてきたように、古代末期の初期キリスト教時代から現代に至るまで、教会建築はそれぞれの時代と地域に根ざしながらさまざまな平面形式、構法、装飾、インテリア等を伴いながら建立されてきた。一九世紀にはそれらの特徴に「様式」というラベルを貼って、過去の建築作品を分類し語ってきたのだ。

一方で、教会建築は一度建立されると、そのまま教会堂として、あるいは礼拝堂として使用され続けることが多かった（近年は教会堂のコンバージョンも少なくないが）。そのため、教会建築は時代を経るごとに各時代の「様式」で増改築されたり、それどころか、リノベーションによってその姿を一新されたりすることも多かった。創建当初の「様式」のまま、現在まで伝えられている教会建築は少数派といってよいだろう。

とはいえ、初期キリスト教時代のキリスト教のあり方は尊重され続け、その教義の再確認などは折にふれて実施されてきた。建築様式についても同様のことがいえる。本コラムでは、そのような事例として三棟の教会堂を紹介する。すなわち、今のデザインで登場した順に、ローマのサンタ・マリア・イン・トラステヴェレ教会堂、ローマ市壁外南方のサン・パオロ・フオーリ・レ・ムーラ教会堂、パリのノートル・ダム・ド・ロレット教会堂だ。

サンタ・マリア・イン・トラステヴェレ教会堂は、ローマ旧市街地を形成する地区の一つで、旧市街中心からはテヴェレ川を挟んでその南側に位置するトラステヴェレ地区に建っている。「トラステヴェレ」とは「テヴェレ川の向こう側」という意味だ。サンタ・

サンタ・マリア・イン・トラステヴェレ教会堂（ローマ）身廊内観。

サンタ・マリア・イン・トラステヴェレ教会堂身廊・側廊間の列柱。

サンタ・マリア・イン・トラステヴェレ教会堂内陣アプスのモザイク装飾。

マリア・イン・トラステヴェレ教会堂は、聖母マリアの名を冠したローマ市内最古の教会堂の一つといわれている。五世紀に建立されたサンタ・マリア・マッジョーレ教会堂（本書一五ページ参照）、八世紀に建設された部分を残すサンタ・マリア・イン・コスメディン教会堂もそういわれているが、じつは初期キリスト教時代にまでさかのぼる建築物ではない現在のサンタ・マリア・イン・トラステヴェレ教会堂がそのように主張している根拠は次のようなものだ。すなわち、教皇カリクストゥス一世時代の二二一年から二二七年にかけて、ローマ市内で初めてキリスト教の典礼が定期的に行われた場所であり、その由緒をもって、三四〇年に教皇ユリウス一世によってバシリカ式教会堂が建立されたというものだ。

　現在のサンタ・マリア・イン・トラステヴェレ教会堂は、一一四〇年から一一四三年にかけて、教皇インノケンティウス二世により再建された。この際、四世紀に建立されたバシリカ式教会堂の基礎がそのまま用いられ、新たな聖堂もほぼ同じ平面に基づいて設計されている。これはすなわち、「ベーマ」とよばれる横長平面の内陣の奥側の中央から半円形平面のアプスが突出する初期キリスト教時代の大規模教会堂の平面（本書一二ページ参照）が採用されたということだ。これは基礎の再利用による制約というよりは意識的なものだったと思われる。身廊と側廊の間の列柱の柱頭等の、精緻な彫刻を伴う建築ディテールのために、カラカラ帝大浴場やその付近から出土した本物の古代遺物が再利用されていることもそれを裏づけるだろう。このように新たな建築物のために再利用された古代建築の部材のことを「スポリア」という。じつはスポリアは、この教会堂がモデルにしたと思われる初期キリスト教時代の教会建築でもさかんにみられた。

この事例では、基礎を除き、初期キリスト教時代の教会堂そのものが残されたわけではないが、初期キリスト教時代の教会建築への尊重の念とそのイメージが後世に伝えられたとはいえるだろう。一六世紀初頭に取り壊された初期キリスト教時代のサン・ピエトロ使徒座聖堂も「もの」としては現在に伝わっていないが、何の議論もなく取り壊されたわけではないし、新たな聖堂も旧聖堂の建っていた場所をあますところなく覆うことが議論のかなり初期の段階から基本コンセプトとして考

サン・パオロ・フオーリ・レ・ムーラ教会堂（ローマ）正面ファサード。

サン・パオロ・フオーリ・レ・ムーラ教会堂身廊内観。

えられていたという。具体的な「もの」としてではなく、象徴的な形での初期キリスト教建築の「継承」の方が重視されていた時代がかつてあったのだ。

正確な様式再現

一方、近代に入ると「もの」の比重が高まってくるように思われる。一九世紀は過去の「様式」のリヴァイヴァルによる建築デザイン、すなわち、様式建築の時代だった。一八二三年に焼失したサン・パオロ・フオーリ・レ・ムーラ教会堂は、焼失前の初期キリスト教建築のイメージの継承をめざして再建が進められたのだ。

サン・パオロ・フオーリ・レ・ムーラ教会堂内陣アプスのモザイク装飾。

サン・パオロ・フオーリ・レ・ムーラ教会堂は四大バシリカの中では唯一、ローマ市壁外（「フオーリ・レ・ムーラ」とは「壁の外」の意）に位置する。市壁外の郊外ではあるが、使徒パウロの墓所の上に建つと伝えられており、重要な巡礼地でもあった。規模は同時期に建立されたサン・ピエトロ教会堂やサン・ジョヴァンニ・イン・ラテラーノ教会堂と同じく、奥行き一〇〇メートルを超える当時最大級の教会建築だった。それゆえ、その再建事業は一九世紀最大の教会建築関連事業であり、教皇レオ一二世の呼びかけによって、カトリック信徒のみならず、ロシア皇帝ニコライ一世やエジプト副王ムハンマド・アリーをはじめとして世界各地から協力が寄せられている。再建事業を手がけたのはヴァラディエ、ベッリ、ルイージ・ポレッティらで、一八五四年一二月一〇日、教皇ピウス九世によって聖別された。その後も工事は、イタリア王国がローマを占領する直前の一八六九年まで続いた。一八二三年の火災では、アプスなど内陣の一部しか残らず、そのほかの部分は初期キリスト教建築の様式に則って新築の形で再建された。当初はなかった格天井が全体に設けられているものの、身廊と側廊を隔てるコリント式列柱と柱頭間を結ぶアーチ、身廊と内陣の間のイオニア式円柱によって支持された「凱旋門アーチ」など、正確な様式再現がみられる。

正確な様式再現は新築の教会建築でも「様式建築」の一環として行われた。ここでは、パリ市九区の市街地中に建つノートル・ダム・ド・ロレット教会堂を紹介する。「ノートル・ダム・ド・ロレット」とは「ロレートの聖母」のことで、一二九一年、聖母マリアが大天使ガブリエルから受胎告知を受けた「聖なる家」がイスラーム教

ノートル・ダム・ド・ロレット教会堂身廊内観。

ノートル・ダム・ド・ロレット教会堂（パリ）正面ファサード。

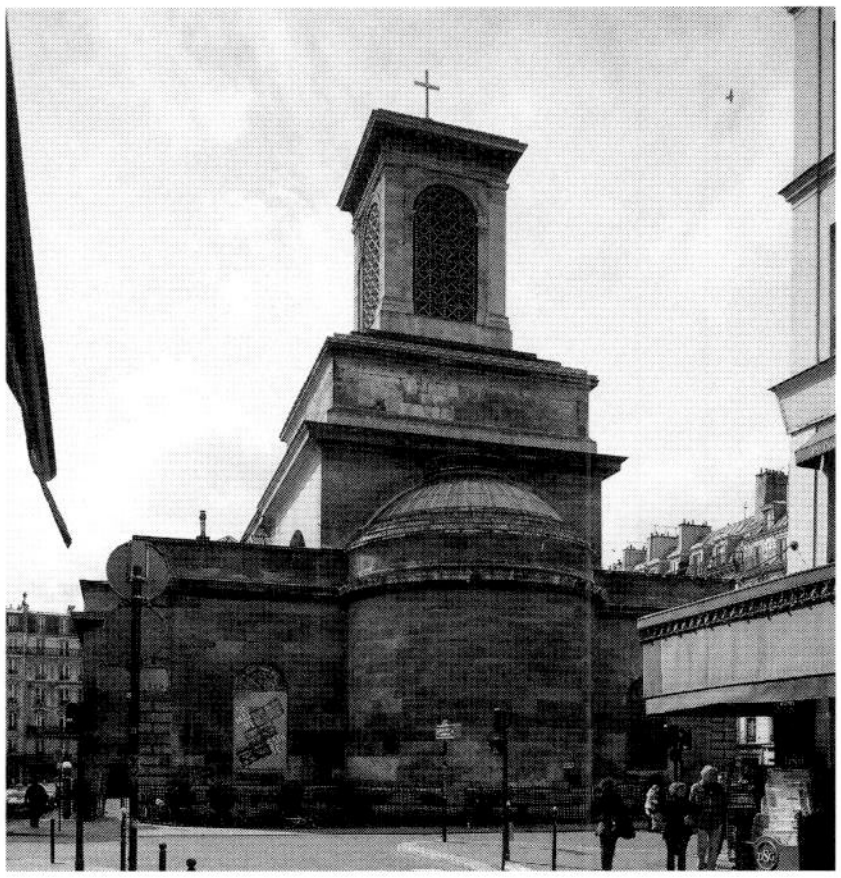

ノートル・ダム・ド・ロレット教会堂背面外観。

勢力の手を逃れてイタリア中部の港湾都市アンコーナの南方のロレートに飛んできたという伝説に因む。

パリのノートル・ダム・ド・ロレット教会堂の現在の建築物はフランス革命後に再建されたもので、元々の建築物は一七九六年に破壊されている。その再建のため、一八二二年に設計コンペが実施され、これに勝利したルイ・イポリート・ルバの設計によって一八二三年から一八三六年にかけて建設された。正面ファサード中央に、ペディメントを頂いた四柱式の古代ローマ神殿建築正面のようなポルティコが付されたローマン・リヴァイヴァル建築の外観を呈している。内部はローマのサンタ・マリア・マッジョーレ教会堂の縮小再生産的なデザインで、身廊と側廊の間は、アーチを頂いていないイオニア式円柱の列柱で仕切られている。身廊と内陣を隔てる「凱旋門アーチ」もみられる。背面の外観は正面よりも簡素で、内陣奥のアプスの突出がそのまま反映されている。

新装版｜増補コラム

パリのノートル・ダム大司教座聖堂のバロック・インテリア

火災直前の外観に復原

二〇一九年四月一五日一八時五〇分頃、パリのノートル・ダム大司教座聖堂の交差部直上の尖塔基部付近から出火し、鎮火されたのは一五時間以上も経った翌日一〇時頃だった。ヨーロッパでは石造建築物であっても、屋根を支える小屋組などは木造であり、今次火災では主廊（身廊、交差部、内陣）、および、交差廊の小屋組が全焼、木造の小屋組を鉛板で覆った一九世紀の尖塔も焼失し、ヴォールトも三か所（身廊の一部、交差部全体、北側交差廊の一部）で崩落した。また、それが支持する屋根に葺かれていた鉛材も溶解し、都市に甚大な汚染をもたらすこととなっている。

火災の翌日、フランス共和国大統領エマニュエル・マクロンは五年以内の大司教座聖堂再建を目標に掲げ、さらに四月一七日、共和国首相エドゥアール・フィリップは焼失した尖塔の国際建築コンペの開催に言及した。これらの発言に触発されて、多くの建築家からのさまざまな非公式提案がウェブ上を賑わせたが、二〇二〇年七月九日、火災直前の外観に復原することが決まったようで、筆者としてもほっとしている。

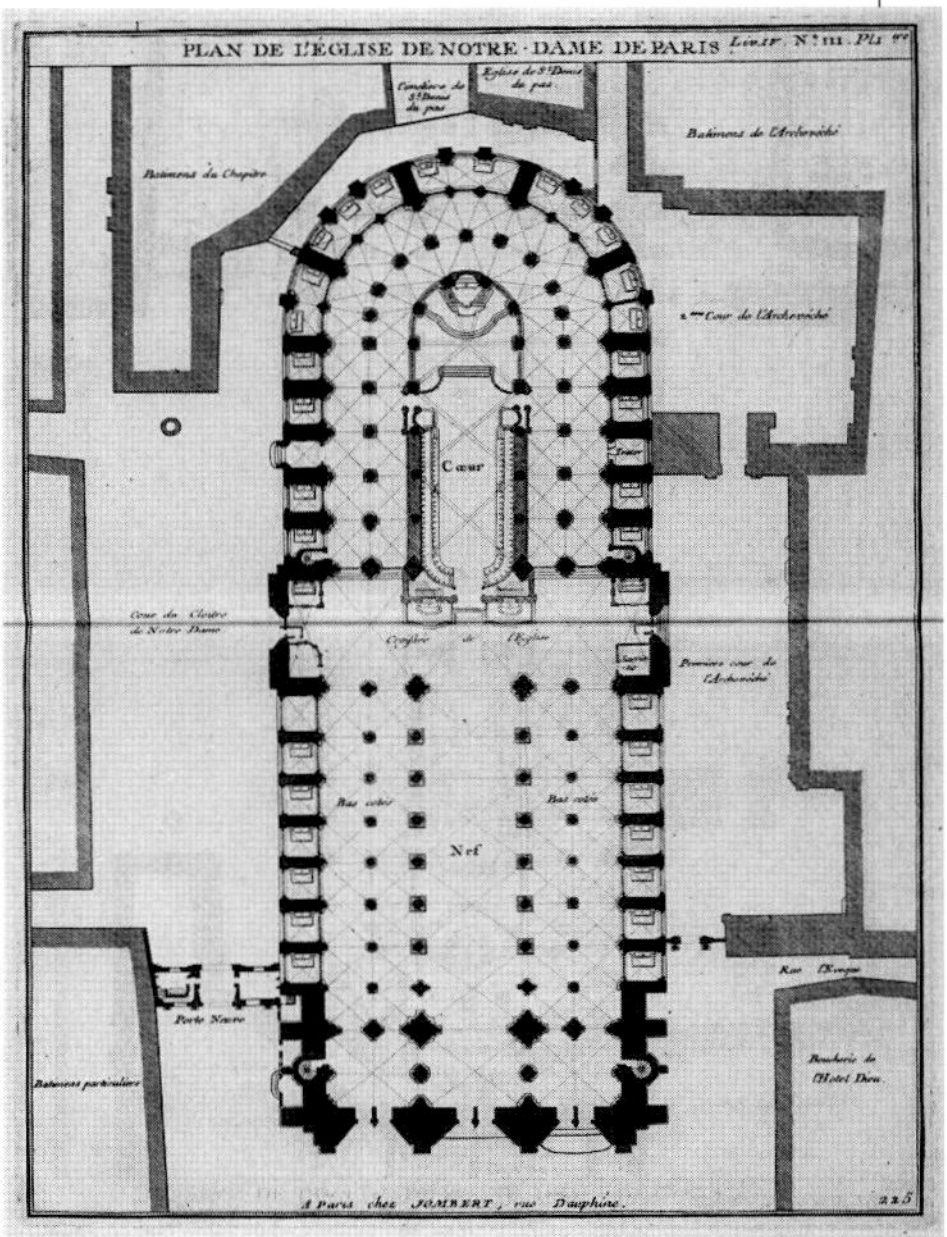

1752年におけるパリのノートル・ダム大司教座聖堂平面図。

バロック教会建築の典型的姿を示す

ところで、今次火災で幸いにもあまり被害が及ばなかった内陣内装は、一一六三年から一四世紀半ばまで建設が続いたゴシックの聖堂建築のそれと異なっている部分もある。内陣床面を構成する大理石舗装、主祭壇やその周囲の彫像群等がそれだ。一九世紀半ばの修復事業でゴシック様式に戻された部分も多く、それ以前は今よりもさらにゴシック建築風ではない装いをしていたはずだ。これは、一六世紀半ば以

ド・コットによる内陣リノベーション計画実施案東西断面図。

ド・コットによる内陣リノベーション計画実施案主祭壇設置部分立面図。

降のカトリック改革期の教会堂のあり方の見直しや、一六二二年にパリ司教区がパリ大司教区に格上げされたことなどを受けて大々的なリノベーション事業が実施されたからである。

本書第8章と第9章他でふれたように、カトリック改革期には教会堂の新築の際にそれ以前とは異なる平面形式、図像プログラムなどが適用されていったが、建設事業という観点からみるなら、量的に新築を上回っていたのは既存の教会建築のリノベーションだったはずだ（本書コラム「ゴシックのなかに息づくバロック」一一二頁参照）。パリのノートル・ダム大司教座聖堂では、一六三〇年から一七〇七年まで（一六八三年と一六九四年を除く）パリ金銀細工師同職組合によって毎年五月に奉納された「五月奉納画」が身廊アーケードの尖頭アーチを隠すように掲げられ、一七三八年にはステインド・グラスがすりガラスに更新されて、身廊の内観は前後の時代とは大いに異なるものとなった。

とはいえ、一三世紀半ばに教会堂として完成され、一四世紀半ばにほぼ現在の姿となった本聖堂には、カトリック改革以前から多くの祭室を備えていたため、建築物全体にわたる改築は実施されず、おおむね内陣と内陣障壁のリノベーションにとどめられた。この事業は一六三八年二月一〇日の「ルイ一三世の誓願」に基づくものだったが、実施されたのは一六九九年以降であり、それも戦争で中断したため、一七〇八年まで事業は進まなかった。

リノベーションの内容は、主祭壇と主祭壇彫刻の更新、床への大理石敷設、ゴシック建築の特徴たる尖頭アーチを覆う、半円形アーチを伴う大理石製壁面の設置、宗教画の制作・掲示、聖職者席の更新、内陣障壁の鉄柵への更新等であり、全体として色彩にあふれた華やかな空間が出現した。在俗信徒にとっては内陣には入れなくとも外部から見ることが可能となったのである。

　この事業は王の首席建築家としてヴェルサイユ城館の現場を指揮したジュール・アルドゥアン＝マンサール（一六四六～一七〇八）、その妹婿で弟子、前者の後任として王の首席建築家となったロベール・ド・コット（一六五六～一七三五）が主導した。前者は新築の教会建築としても、パリの廃兵院ドーム教会堂（一六七七～九〇）、ヴェルサイユ城館付属礼拝堂（一六九九～一七一〇）のようなフランス・バロック教会建築の代表作がある。とくにパリの廃兵院ドーム教会堂はバロック的光の効果を追求した高く聳える三重殻ドームを集中式平面の中央に配した、鉛直の軸が強調された空間を備えており、フランスにおけるバロック教会建築の典型的姿を示す作例だ。上記のパリのノートル・ダム大司教座聖堂のリノベーション事業においても、当初、交差部中央にねじり柱で支持された天蓋を持つ主祭壇を配置することが検討されており、廃兵院ドーム教会堂のように鉛直軸を意識させるような空間がゴシック建築の中に挿入されていたかもしれなかったのだ。

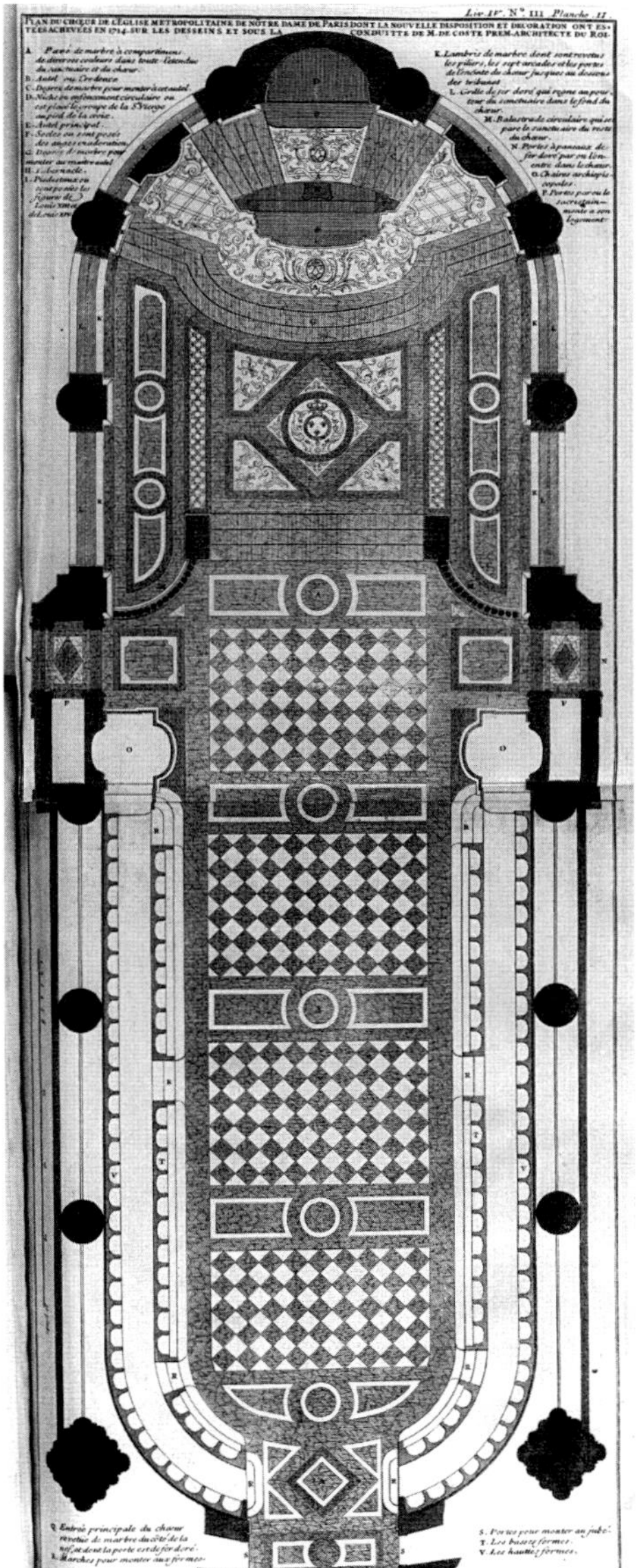

ド・コットによる内陣リノベーション計画実施案平面図

以上、図版４点の出典は、BLONDEL, Jacques-François : *Architecture françoise*, Tome second, Paris, 1752, p.112, Liv. IV, No III. Planche I, II, 3, 4（京都大学図書館所蔵）。

キリスト教の教会建築の変遷

古代
中世
近世
近代

300
400

初期
キリスト教建築

ビザンツ

500

サンタポリナーレ・イン・
クラッセ教会堂
（ラヴェンナ）

サン・
ヴィターレ教会堂
（ラヴェンナ）

ハギア・ソフィア
総主教座聖堂
（イスタンブル）

600
700
800

カロルス大帝の宮殿付属礼拝堂
（アーヘン）

900
1000
1100

ロマネスク

シュパイアー
皇帝大聖堂

サン・
バルテルミー
参事会聖堂
（リエージュ）

サンタ・マリア・
アッスンタ
大司教座聖堂（ピサ）

サン・マルコ
礼拝堂
（ヴェネツィア）

1200

ゴシック

1300

パリのノートル・ダム
司教座聖堂

サン・ミシェル
参事会聖堂（ブリュッセル）

1400
1500

ルネサンス

サン・ロレンツォ教会堂
（フィレンツェ）

テンピエット
（ローマ）

サン・ジョルジョ・マッジョーレ
教会堂（ヴェネツィア）

1600
1700

バロック

サンタンドレア・
アル・
クィリナーレ
教会堂（ローマ）

サン・カルロ・アッレ・
クワットロ・
フォンターネ教会堂
（ローマ）

廃兵院ドーム教会堂
（パリ）

新古典主義

1800

旧サント・ジェヌヴィエーヴ教会堂（パリ）

歴史主義

サント・クロティルド教会堂（パリ）

1900

モダン・
ムーヴメント

ノートル・ダム・デュ・オー礼拝堂（ロンシャン）

おわりに

『明治の東京計画』などで建築史家として大きな足跡を残し、近年は世界的な建築家としても活躍している藤森照信氏（東京大学名誉教授、工学院大学建築学部非常勤特任教授）は、西洋建築史とはとどのつまりは教会建築史ではないかと述べたことがある。たしかにそういわれてみると、ヨーロッパ近世の宮殿および築城を専門としている筆者にしても、学部の西洋建築史の講義ではローマ帝政末期以降は教会堂の歴史を主流として教えていることに気付く。筆者が日本建築学会・西洋建築史小委員会の主査として『建築』としての教会堂」と題した研究発表会を企画したのも、企画者たちの西洋建築史の王道を語ってみたいという希望から始まったのである。

だが、教会建築研究はいわゆる「王道」研究だけではなく「周縁」研究の方面へもその裾野を広げてきているという状況もある。日本における教会建築研究をみても、アルメニア、モルドヴァ、エチオピアなどさまざまな地域の教会建築が研究対象となってきたし、時代の観点からも中世前期の西ゴート王国時代の教会建築のような従来ほとんど言及されたことのなかったものに取り組む研究も現れた。また、研究方法としても、史料・文献を使った研究、美術史的な図像研究などの伝統的な方法だけでなく、実測調査にもとづく「もの」に即した研究もフランスなどでは注目を集めるようになっているという。

本書では以上のような教会建築研究の新たな側面について取り上げるというよりも、その新しい扉を開くための前提となる基本的な知識を紹介することに意を尽くした。したがって、古代から近代まで常に時代に即した教会建築の傑作を生み出してきたカトリック教会の教会建築に力点が置かれたきらいはある。それも筆者の好むダイナミックで多様なバロック建築が多くなってしまった。本書をバロックの前後で二部に分けて構成したのは、バロックの教会建築がカトリック改革を受けて登場したものであり、図像表現にそれまでの教会堂とは大きく異なる傾向があるように思ったからである。

ともあれ、さまざまな教会建築研究については関連文献を参照していただくとして、本書がその入口となり、キリスト教の教会建築の魅力を知るきっかけとなれば幸いである。

教会建築関連文献（本書でふれられなかった面についても含む）

- 伊藤喜彦：「レコンキスタ初期スペインにおけるテクストの中の建築と建設を巡って」、『日本建築学会計画系論文集』(619)、pp.187-192、2007年9月
- 小野一郎：『ウルトラバロック』、新潮社、1995年
- 加藤耕一：「大修道院長シュジェールのサン=ドニにおけるモノリスの円柱に関する考察：〈アン・デリ〉の円柱と細円柱という観点からの、シュジェールの記述の再解釈」、『日本建築学会計画系論文集』(600)、pp.211-216、2006年2月
- 近藤存志：「オーガスタス・ウェルビー・ノースモア・ピュージンのゴシック・リヴァイヴァルにおけるイングランド・カトリシズムの信仰と異教的建築批判」、『建築史学』(44)、pp.77-106、2005年3月
- 近藤存志：『現代教会建築の魅力―人はどう教会を建てるか』、教文館、2008年
- 篠野志郎：『アルメニア共和国の建築と風土―Out of the Frame』、彩流社、2007年
- 佐藤達生：『図説西洋建築の歴史』、河出書房新社、2005年
- 佐藤達生、木俣元一：『図説 大聖堂物語―ゴシックの建築と美術』、河出書房新社、2000年、新装版2011年
- ジャン・ジェンペル：『カテドラルを建てた人びと』、飯田喜四郎訳、鹿島出版会、1969年
- 陣内秀信他：『図説　西洋建築史』、彰国社、2005年
- 辻本敬子、ダーリング益代：『図説 ロマネスクの教会堂』、河出書房新社、2003年
- 西田雅嗣：『ヨーロッパ建築の歴史』、昭和堂、1998年
- 西田雅嗣：『シトー会建築のプロポーション』、中央公論美術出版、2006年
- 日本建築学会編：『西洋建築史図集』、彰国社、3訂第2版、1981年
- ヴォーン・ハート、ピーター・ヒックス編：『パラーディオのローマ ― 古代遺跡・教会案内』、桑木野幸司訳、白水社、2011年
- 羽生修二、三宅理一他：『モルドヴァの世界遺産とその修復―ルーマニアの中世修道院美術と建築』、西村書店、2009年
- 藤田康仁：「ドーム架構形式からみたアルメニア共和国の初期教会堂の系譜：アルメニア共和国におけるキリスト教建築の研究 1」、『日本建築学会計画系論文集』(554)、pp.343-349、2002年4月
- 藤田康仁、加藤耕一、飛ヶ谷潤一郎、近藤存志：第2回西洋建築史若手研究者研究発表会『「建築」としての教会堂』、主催：社団法人 日本建築学会 建築歴史・意匠委員会 西洋建築史小委員会、2011年11月19日（土）13:00～17:00、建築会館308会議室
- クリス・ブルックス：『ゴシック・リヴァイヴァル』、鈴木博之、豊口真衣子訳、岩波書店、2003年
- デビッド・マコーレイ：『カテドラル―最も美しい大聖堂のできあがるまで』、飯田喜四郎訳、岩波書店、1979年
- 渡辺真弓：『パラーディオの時代のヴェネツィア』、中央公論美術出版、2010年

◉著者略歴

中島智章（なかしま・ともあき）

一九七〇年、福岡市生まれ。一九九三年、東京大学工学部建築学科卒業。一九九八〜二〇〇〇年、ベルギー・リエージュ大学留学。二〇〇一年、東京大学大学院工学系研究科建築学専攻博士課程修了。博士（工学）。二〇〇五年、日本建築学会奨励賞受賞。

現在、工学院大学建築学部建築デザイン学科・准教授。

著書に『図説 ヴェルサイユ宮殿』『図説 バロック』『図説 パリ 名建築でめぐる旅』（河出書房新社）、『世界一の豪華建築バロック』（エクスナレッジ）、監修に『ビジュアル版 世界の城の歴史文化図鑑』（柊風舎）、共著に『図説 西洋建築史』（彰国社）、『宗教改革期の芸術世界』（リトン）、『《悪魔のロベール》とパリ・オペラ座 19世紀グランド・オペラ研究』（上智大学出版）、翻訳に『図説 イングランドの教会堂』（マール社）など。

ふくろうの本

増補新装版

図説 キリスト教会建築の歴史

二〇一二年 四 月三〇日初版発行

二〇二一年 三 月二〇日増補新装版初版印刷

二〇二一年 三 月三〇日増補新装版初版発行

著者…………………中島智章

装幀・デザイン………株式会社トライ

新装版装幀……………日向麻梨子（オフィスヒューガ）

発行者…………………小野寺優

発行……………………株式会社河出書房新社

〒一五一-〇〇五一

東京都渋谷区千駄ヶ谷二-三二-二

電話 〇三-三四〇四-一二〇一（営業）

〇三-三四〇四-八六一一（編集）

http://www.kawade.co.jp/

印刷……………………大日本印刷株式会社

製本……………………加藤製本株式会社

Printed in Japan

ISBN978-4-309-76298-2

落丁本・乱丁本はお取り替えいたします。

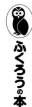